Melany de Isabeau

FANTASY UND MÄRCHEN

Herstellung und Verlag:
BoD – Books on Demand,
Norderstedt
ISBN: 9783756214563

Ein kleiner Drache
Names Yapay

Vor vielen Jahren, lange vor unserer
Zeit, lebten in einer Gebirgskette der
Drache Japay und sein Vater Utay.
Die warme Sonne war gerade über
den großen Drachenfels geklettert
und weckte mit ihren hellen warmen
Strahlen die noch so tief schlafenden
Drachen. Drachen brauchen auch die

Sonne, musst du wissen, denn nur die wärmenden Strahlen kann sie je aufwecken. Wenn es kalt ist, schlafen sie, wie auch die heutigen Reptilien wie zum Beispiel Geckos das nun tun. In einer besonderen Höhle, hoch oben in einem Berg, doch ganz weit oben, wohnten die beiden Drachen. Die Höhle war nicht besonders groß, aber der Platz reichte aus. Yapay streckte sich und kuschelte sich nun enger an seinen Vater Utay, der im Halbschlaf tief seufzte. Kleine Rauchwölkchen kamen aus seiner großen Nase und zufrieden schmiegte er sich an seinen kleinen Sohn. Die Sonne wanderte den Himmel entlang und stieg dann höher, bis sie nun direkt in die kleine Höhle schien, und damit die beiden Drachen aus ihrem Schlaf je weckte. Guten Morgen Papa!", quietschte nun Japay fröhlich und sprang auf um den neuen Tag zu begrüßen. Er lief zum Höhleneingang und badete im ersten Licht,reckte und streckte sich, bis die Wärme nun in seinem kleinen Körper war. „Los Papa, die Sonne ist da, nun steh schon auf!" Utay öffnete sein rechtes Auge und sah seinen Sohn auf und ab hüpfen. Da stand auch er auf und ging langsam zum Eingang ihrer Höhle um sich in der Sonne zu wärmen. „Du Papa?", fragte Yapay, üben wir heute wieder fliegen?" „Ja, mein Sohn", antwortete Utay, „das machen wir. Heute ist ein wundervoller Tag. Sieh, wie die Vögel schon wach sind und ihre Kreise ziehen. So werden wir das auch machen." „Hm, ja, aber Papa wenn ich nicht solche Angst hätte das ich je fallen könnte. Können wir das nicht anders üben? Hier, in der Höhle?" „Leider nein mein Sohn, unsere Höhle ist zu klein, das wird gar nichts bringen. Und du musst fliegen können, du bist ein Drache. Du bist mein Sohn und du bist viel mutiger als du denkst! Hab keine Angst, ich werde immer da sein und dich auffangen. Du bist das aller wertvollste in meinem Leben mein kleiner Yapay, niemals lasse ich dich im Stich, hörst du?" „Ja, Papa. Ich weiß, und ich vertraue dir auch, und ich liebe dich sehr, aber ich hab dennoch irgendwie Angst, das ich fallen könnte." „Ich liebe dich auch mein Sohn, und darum werde ich dir jetzt eine schöne Geschichte erzählen.Eine Geschichte wie die Welt entstand. Es ist so herrlich warm,komm setze dich zu mir." Yapay setzte sich zu seinem Vater,der ganz still wurde. Es verging eine Zeit und Yapay wartete geduldig und lauschte. Sein Vater war nun sehr konzentriert, hatte nun die Augen geschlossen, er atmete tief ein und aus. Utay tat das immer öfter, wie Yapay feststellte, und immer wenn Utay so dasitzt, ist es fast, als würde er von innen heraus strahlen. Endlich, Utay öffnete seine Augen und ließ nun den Blick über das weite Tal schweifen. Das große Gebirge wo auch er aufgewachsen ist. Neben ihm saß nun sein Sohn und starrte ihn an. Utay musste lachen,und auch Yapay lachte. „Nun" begann Utay „erzähle ich dir eine Geschichte wie die Welt entstand. Du musst gut zuhören, damit du es später deinen eigenen Drachenkindern auch erzählen kannst hörst du?" Yapay nickte und seine Augen begannen zu leuchten. „Damals, lange bevor wir Drachen und die Vögel und unsere Freunde die anderen Tiere hier auf dieser Welt waren, gab es diese Welt nicht.Hier,wo wir jetzt sitzen,war gar nichts." „Nichts?", fragte nun Yapay, wirklich nichts? Was ist denn das nichts? Es ist doch überall irgendwas, wie kann denn Nichts sein?" „Nichts im Sinne von dem was wir heute sehen, mein Sohn," antwortete Utay. Es gibt kein Nichts, denn selbst wo Nichts ist, ist noch etwas, und das nennen wir Drachen HAKAN. Denn HAKAN bedeutet Feuer, und wie selbst wir Drachen Feuer machen können, so bestand die Welt aus der Vorstufe des Feuers. Alles war voller HAKAN, und HAKAN bedeutet, das etwas erschaffen wird. Es bedeutet das da, wo nichts ist, jederzeit etwas entstehen kann, einfach, in dem man es entfacht.Wie eben das Feuer.' „Das verstehe ich nicht", sagte Yapay. „So warte erst, ich bin ja noch gar nicht fertig.Am Ende wirst du es dann nun verstehen,mein Sohn.Stell dir einfach eine große Blase vor, wie eine Luftblase, und darin siehst du etwas lila schimmern. Hast du?" Yapay hatte jetzt seine Augen geschlossen und ja, er sah sie, diese Blase mit etwas lila darin schimmern. Wie kleine Flammen sah das aus und tanzten so schön! Hm, ja Papa,ich kann sie sehen!",,Du bist sehr gut Yapay. Und jetzt stell dir vor, wie in der Blase nun vier kleine Drachen entstehen. Der eine ist blau, der nächste grün, einer ist gelb, und einer rot.Sie sind nun erst ganz klein, und mit jedem Atemzug werden sie größer und größer, bis sie beinahe aneinanderstoßen, aber sie sind ja alle noch in der Blase mit dem lila HAKUN." ,,Wow!" Yapay staunte nicht schlecht, und war glücklich über das, was er in seinem inneren sah. Utay musste schmunzeln, als er klein war, hat ihn das genauso erstaunt. Er war

9

mächtig stolz auf seinen Sohn. „Was passiert jetzt?", fragte Yapay schon fast ungeduldig. „Jetzt", sagte Utay, fangen die Drachen an zu tanzen. Der gelbe, grüne, blaue und rote Drache tanzen zusammen in HAKAN, und sie werden schneller, und schneller. Sie werden so schnell, bis du sie nun, nicht mehr voneinander unterscheiden kannst. Und dann stell dir vor, wie sie zusammen, wie alles zusammen eine große wundervolle Explosion ergibt. Durch den Tanz der vier Drachen, wurde sehr viel Energie erzeugt, und Wärme, und sie alle zusammen verschmolzen. Und als sich alles abgekühlt hat, ist nun diese Welt entstanden. Der gelbe Drache wurde zur Sonne. Der grüne Drache wurde zu all unseren Pflanzen. Der blaue Drache wurde das Meer und alle Gewässer und alles Wasser. Und der rote

Drache, aus dem sind alle Tiere entstanden. Die Erde und die Steine, das ist die Materie, die bei der Explosion entstand. „Warum sind denn die Tiere aus dem roten Drachen entstanden?", fragte Yapay. „Das musste so sein, sieh, unser Blut ist auch noch rot!", antwortete Utay. Dem musste Yapay Recht geben. „Also bedeutet das der gelbe, rote, blaue und grüne Drache, und das HAKAN, aus dem also nun unsere Welt entstand, das bedeutet ja das alles noch hier ist oder? Die ganze Welt besteht aus dem Drachen, die damals die Welt erschaffen haben, und Teile von ihnen sind also noch überall? Und selbst wo „nichts" ist, ist doch noch etwas, und das... das bedeutet das alles Eins ist?" Yapay machte große Augen, und Utay grinst über das ganze Gesicht. „Genau das bedeutet das, mein Sohn. Du bist sehr klug. Ganz genau. Nachdem diese Welt von den Elementar – Drachen erschaffen wurde, konnten sich aus den Teilen, alle anderen Lebewesen je entwickeln. Wir sind die höchste Stufe dieser Entwicklung Yapay, und da ja nun alles aus unseren Vorfahren besteht, gibt es keinen Grund Angst zu haben. Wir sind mit allem Eins. Und wir brauchen je einander. Wir brauchen das Wasser, die Erde, das Feuer, die Luft, die Pflanzen und die Tiere. Nur zusammen, können wir überleben. Das aber bedeutet auch mein kleiner Sohn, das dir gar nichts passieren kann. Du bist aufgehoben, und alle Elementar – Drachen werden auf dich aufpassen und ich je beschützen. Auch, wenn do fliegen übst." „Das macht Sinn, Papa, ich sehe, ich brauche keine Angst zu haben. Ich bin je ein Drache,ich kann mutig sein!" Yapay schlug aufgeregt mit den Flügeln. „Danke Papa, das war eine sehr schöne und großartige Geschichte!" Utay nahm seinen Sohn in den Arm. „Und ich verrate dir, nun noch ein Geheimnis." „Was denn Papa?" „Utay, bedeutet Sonne. Denn ich bin voller Wärme und Geborgenheit und gab dir das Leben. Das nun mutige Leben eines Drachen. Und mutige Drachen können alles schaffen, weil sie groß, mutig, und stark sind." „Komm Papa, ich möchte fliegen. Fangen wir das üben an!" Und Yapay flog, flog so hoch und weit wie er konnte. Von dem Tage an, flog er und er wird erst aufhören zu fliegen, wenn die Sonne aufhört, ihre wärmenden Strahlen zu dieser Welt zu schicken.

ENDE

Zwei Bäume

Irgendwo an einem kleinen Fluss in Südamerika lies der Wind etwa zur gleichen Zeit zwei Samenkörner zu Boden tanzen. Eines landete am östlichen Ufer, das andere fand gegenüber seinen Platz. Beide schlugen Wurzeln, und wuchsen heran, näherten sich vom üppigen und feuchten Ufer ihrer Heimat und wurden je, zu stattlichen Bäumen.Nach sehr langer Zeit trafen sich ihre Äste hoch über der Flussmitte. Zögernde Berühungen waren das zuerst; abhängig von den Launen des Windes. Aber bald konnten sie auch nicht mehr voneinander lassen. Wieder vergingen Jahre. Ihre Äste waren inzwischen so miteinander verschlungen, dass niemand nun sagen konnte, wo der eine Baum anfängt und der andere nun aufhört. Gemeinsam boten sie den unzähligen Nestern der Vögel Halt,waren Brücke über den Fluss und schattiger Tunnel bei großer Hitze. Sie stützen sich bei Sturm, sie brachen je die Fluten bei Hochwasser und gaben Sicherheit im Dunkel der Nacht. Dann wurde einer der beiden Bäume krank, und in dem Grün ihrer gemeinsamen Baumkrone sah man einige braune Blätter.

Nur wenige stets am Anfang, doch es wurden schnell mehr. Der nächste Sturm wehte sie weg, und kurze Zeit später, war alles wie vorher. Dann begann es wieder. Diesmal ging es schneller. Bald sah man mehr braune als nun grüne Blätter, und erste Äste brachen ab. Die Kraft ließ nach und auch der starke Halt der mächtigen Wurzeln.Der gesunde Baum erkannte jedoch die Gefahr, verdoppelte seine Anstrengungen und hatte doch nur begrenzte Kräfte. In einer Nacht, bei Sturm und Regen, weichte der Fluss die Uferböschung auf und riss die schwachen und spröden Wurzeln des kranken Baumes weg. Für nur einen Augenblick tanzte der seiner Standfestigkeit beraubte Koloss an den Ästen seines Gefährten, fast so, als wollten sie voneinander je Abschied nehmen. Dann fiel er zu Boden.

Als es hell wurde, sah man den ver-
bliebenen Baum dann erschöpft vom
Kampf um den Partner. Ganze Äste
fehlten, die Borke des Stammes war
zerschunden und verletzt. Tränen
gleich lief Harz herab, und von der
vollen Krone gestern war nur noch
die Hälfte da. Schon fing auch er an,
sich zu neigen, der Halt fehlte und
niemand konnte ihm welchen geben.
Bald lagen beide nebeneinander im
kleinen Fluss in Südamerika. Der
Wind aber ließ ihre Samen tanzen.
Sie stiegen höher und höher, bis sie
dann irgendwo...

ENDE

Ein kleiner Stern

Es war einmal ein armer Bauer, der zu
Weihnachten fürchterlichen großen
Hunger litt. Der Winter hatte in
diesem Jahr so früh eingesetzt, dass
ein großer Teil seiner Ernte ver-
dorben war und er und seine Frau
nun fast nichts mehr zu Essen hatten.
Außerdem verlangte nun der Landrat

auch schon bald wieder die Pacht für seinen Hof und er wusste nicht, wie, wie er ohne Ernte nun seine Schulden begleichen begleichen konnte. Eines Nachts aber, es war Heiligabend und eine sternlose schwarze Finsternis ging er in den Wald um nach ein paar Wurzeln zu graben, die man für eine Suppe gebrauchen könnte.Der Boden war jedoch steinhart, so dass jeder Versuch scheiterte. Plötzlich erschrak der Bauer furchtbar, denn es war im Wald nun, von einer Sekunde auf die andere je taghell geworden. „Woher kommt bloß dieses Licht. Es ist doch tiefste Nacht" sagte der Bauer und blickte verwundert in Richtung der Lichtstrahlen. Da trat aus dem Dickicht ein kleines Mädchen hervor, gekleidet in einem goldenen Nachthemd, das so sehr glitzerte, das es die Umgebung hell erleuchtete und je die

Nacht zum Tag machte. Als nun das Mädchen den Bauern erblickte, lief es augenblicklich auf ihn zu und warf sich in seine Arme. „Kindchen wo kommst du denn her? Du musst ja fürchterlich frieren", sagte der Bauer, aber er bekam keine Antwort. Stattdessen fing das Mädchen bis über beide Ohren an zu lächeln. Der Bauer zog seinen dicken Mantel aus und hüllte das Mädchen darin ein, damit es ihm in der Winterkälte nicht erfror. Dann setzte er es auf seine Schultern und ging raschen Schrittes zurück zu seiner Hütte. Daheim wartete nun die Frau des Bauern auf ihren Ehemann. Sie hatte sich schon Sorgen gemacht, wo er geblieben war, denn sonst blieb er des nachts nie so lange fort. Ihre Sorgen waren doppelt so groß wie sonst, denn sie erwartete ein Kind, das so im Frühjahr zur Welt kommen sollte und sie hatte keinen Rat, wie man es ernähren sollte. Als die Tür zur Hütte aufsprang und der Bauer mit dem Kind auf den Schultern je eintrat, fiel ihr ein großer Stein vom Herzen. „Mann, wo warst du solange und wo kommt dieses Kind her?", fragte die Bäuerin. „Ich habe es im Wald gefunden. Es muß das Kind eines reichen Grafen oder Prinzen sein. Es trägt so ein kostbares Gewand,wie ich es noch nie gesehen habe", antwortete der Bauer und wickelte das Kind aus seinem Mantel. Als das golden-glitzernde Nachthemd zum Vorschein kam, verschlug es der Bauersfrau die Sprache. Das Kind lachte und klatschte freudig in seine Hände, aber es sprach kein einziges Wort. Dann lief es zur Bäuerin und gab ihr einen Kuss auf die Wange. Wahrlich, das muss das Kind eines

Königs sein. Solch makellose Seide gibt es nur zu Hofe,"sprach die Bäuerin und herzte das Kindlein innig. Dann setzte sie es auf einen Stuhl und lief zum Feuer, um den letzten Rest Suppe zu kochen. Als der Bauer das Mädchen fragte, woher es stamme, antwortete es nicht, sondern zeigte immer wieder nur an die Decke der Hütte. Dann fing es erneut an zu lachen und klatschte freudig in die Hände. Als die Suppe fertig war, bekam das Kindlein einen großen hölzernen Löffel und kurz darauf aß es vergnügt mit großem Appetit die Suppe. Der Bauer und die Bäuerin aber hungerten, denn es war nichts mehr für sie übrig und sie fanden, dass es das Kind nötiger hatte. Als der Teller leer war, brachten sie das Kind in ihr Bett und deckten es warm zu.Dann setzten sie sich beide an den

Tisch, sprachen über die Zukunft und schliefen irgendwann ein. Als die Bäuerin am nächsten Morgen aufwachte, erschrak sie heftig, denn das Bett war leer und das Kind fort. Sie weckte ihren Mann und zusammen liefen sie nach draußen und suchten nach dem hilflosen Kind.In der Nacht hatte es stark geschneit und es waren keine Fußspuren zu sehen. So verblieb die Suche ohne Ergebnis. Der Tag verging und als am Abend ein Bote des Landrats erschien und die einforderte,weinten die Bauern bitterlich. Spät in der Nacht saßen der Bauer und die Bäuerin vor dem heimischen Feuer und beratschlagten, was man tun könne als plötzlich ein heller Lichtschein durch das Fenster trat. Freudig erregt liefen beide nach draußen, in der Hoffnung, dass das Kindlein je zurückgekehrt war, denn beide hatten es liebgewonnen. Doch niemand war zu sehen. Der Lichtschein aber stammt von einem einzigen Stern, der in der tiefsten Nacht am Himmel prngte und die Lichtung um die Hütte hell erstrahlen ließ. Als die Bauersleute zum Himmel aufschauten, war ihnen, als hörten sie das Lachen eines Kindes. Dann fing der Stern plötzlich an zu funkeln und zu glitzern,wie es das goldene Nachthemd getan hatte und schließlich zeigte sich das ganze Firmament von Sternen erleuchtet, die den zurückgekehrten Stern ebenfalls mit funkeln und glitzern begrüßten. Der Bauersfrau liefen vor Freude heiße Tränen über das Gesicht und als die beiden in die Hütte zurückkehrten, sahen sie, dass der Suppentopf über und über mit Goldstücken gefüllt war. Dieses Wunder konnte sich keiner von ihnen erklären,aber dann am folgenden Tag bezahlten sie nicht nur ihre Pacht, sondern lebten fortan glücklich bis an ihr Lebtag.

ENDE

Der Flieder-Busch

Es begab sich, vor langer Zeit, da wandelte Peter Pan, der Gott der Natur, durch sein Land. Fröhlich tanzend spielte er auf seiner Flöte, und überall, wo er lang kam, hinterließ er Felder mit bunten Blumen, Bäume mit frischem Obst und Nektar für die Tiere. Seine ganze heile Welt bestand aus Freude dem Duft der Blumen...

Als er plötzlich an einem Busch vorbeikam der keine Blüten und auch sonst einen sehr verdörten Eindruck machte.Peter Pan blieb stehen.Senkte seine Flöte und fragte den Busch nun höfflich! Sag mir, was dich bedrückt, dich scheint mein Zauber nicht zu erreichen, du siehst sehr traurig aus, Busch. Ich möchte deinen Kummer erfahren. So rede!" Da Peter Pan der Gott der Natur ist, wagte der Busch nicht zu schweigen. Zögerlich und mit leiser Stimme begann der Busch, Peter Pan von seinem Kummer zu erzählen. „Ach Peter Pan...", begann der Busch, „weißt du die Menschen, sie bereiten mir Kummer. Kaum jemand von den Menschen wandert in deiner Schönheit und wenn doch, sind sie alle gehetzt, voller Sorge, sie sehen dich nicht. Es ist sinnlos. Wozu soll ich nun Blüten treiben,wenn sich

Niemand daran erfreut. Wozu soll ich den feinen Duft ausströmen,wenn ihn Niemand riecht. Wozu soll ich meine Schönheit entfalten,wenn es Niemandem interessiert? Die Menschen sind ja wie in sich gefangen. Ich mag gar nicht mehr." Und der Busch ließ nun noch tiefer seine kleinen Äste sinken, das sie beinahe den Boden berührten. Peter Pan hatte sich alles ruhig angehört. Er fühlte die Traurigkeit seines Kindes und sah nun auch, das er hier einen besonderen Busch hatte. Peter Pan beugte sich zu dem Busch herab und sagte zu ihm: „Lieber Busch, ich verstehe dein Leid. Aber gerade weil du so traurig bist, möchte ich, das du erkennst, warum du so wichtig bist. Schau mal, du bist ein Fliederbusch. Die Menschen lieben dich und genau aus dem Grunde ist es so wichtig und ich werde dir erklären warum.

Ein Mensch ist im Grunde wie du, lieber Flieder. Er besteht aus einem Gerüst, so ähnlich wie deinen Ästen. Ohne Blätter und Blüten, existiert der Mensch nur, so wie du jetzt. Er ist trocken und knorrig und nichts an ihm ist schön. Erst durch das Licht, und die Luft, bekommst du Blätter, deine Eigenschaft, an der man dich immer erkennen kann, das du ein Flieder bist. Du bekommst deine Nahrung aus der Erde, so wie der Mensch auch. Wurzeln und Blätter, also seine Eigenschaften hat, und an denen man ihn erkennen kann. Du wächst lieber Flieder, jedes Jahr, und so tut es der Mensch nun auch. Seine Eigenschaften fallen vielleicht ab, aber er bekommt neue. Er entwickelt sich, er wächst, so wie du!" „Das ist schön, lieber Peter Pan," sagte je der Busch, aber was hilft es. Und duften

tun Menschen ja auch nicht. Zumindest die meisten nicht." „Ach du....
Ich war doch noch gar nicht fertig, kicherte Peter Pan und spielte eine kleine Melodie auf seiner Flöte. Die Tiere des Waldes hörten es, die Bienen kamen herbeigeflogen, die Rehe traten aus dem Unterholz und auch der Wolf machte es sich in der Sonne bequem.Die Vögel kamen in Scharen und jedes Tier was den Ruf des Peter Pan hörte, kam gelaufen, gekrabbelt oder geflogen. Peter Pan erklärte dann: „Flieder, deine Blüten stehen stellvertretend für all die Herzenswünsche der Menschen. Du bildest jeden Sommer deine Blüten, die so wunderbar duften und Lebewesen anlocken, die sich laben können. Du ziehst mit deinem Duft Menschen an, die sich darüber, erfreuen. Nun deine Aufgabe ist es, stellvertretend für die

Herzen der Menschen wunderschön zu blühen. Aus deinem Inneren lässt du die Knospen wachsen, das tun die Menschen auch, mit ihren Gedanken. Deine Gedanken – Knospen, lieber Flieder, möchten sich ausdrücken, also blühen, und daran erfreuen. So tun es die Menschen auch. Menschen haben Gedanken und erfüllen sich ihre Wünsche, sie blühen also, und damit erfreuen sie andere. Verstehst du, Flieder, warum es so wichtig ist das du blühst und lebst und das du dich entwickelst, das du wächst, und hundert und tausende von Blütenent-wickelst? Jeder deiner Blüten steht stellvertretend für einen erfüllten Wunsch, einfach, weil es das Wesen der Natur ist, das alle glücklich sind, sich frei entfalten können, das sie sich und ihre Freude im Überfluss verschwenden, weil die Natur je verschwenderisch ist.Und je mehr wunderbare Blätter also Eigenschaften und Blüten also Herzenswünsche hast, je fester du verwurzelt bist und je größer und schöner du wirst, lieber Flieder, desto mehr spiegelst du den Lebenswillen des Lebens, in jedem einzelnen Menschen, wieder, der sich frei entfaltet und glücklich ist, der duftet und andere damit glücklich macht. Deshalb ist es so wichtig, das du blühst.Deshalb hast du diese abertausend kleine Ästchen, weil sich an alle deiner Äste ein Herzenswunsch erfüllen kann. Deshalb hast du auch Blätter,die dir nutzen,die du abwirfst, wenn sie krank sind, die du neu erschaffst, die du nun veränderst!" Der Flieder war fassungslos, nie hatte er geglaubt das er so wichtig ist. Die Tiere des Waldes hatten gebannt zugehört und später dann beschlossen, diese Kunde über die ganze Welt zu verbreiten, was sie auch taten. Der Wolf verbreitete diese Nachricht und erzählte es den Hunden. Die Vögel verbreitete diese Nachricht in all den Gärten und in den Städten und überall sonst, wo man sie singen hören kann. Die Wildtiere erzählten es ihren zahmen Vettern. Die Bäume erzählten es dem Wind und der trug die Nachricht weiter. Die Insekten erzählten es ihrer Königin und die, sagte es dem Honig. Der Flieder begann zu wachsen, er bekam Blätter und blüten und strengt sich seither an, seinen Duft weit in die Welt zu tragen, bis in alle Gärten, bis in die Häuser mit den Vasen. Er möchte ein Vorbild sein, was Leben bedeutet und er wird nicht aufhören, bis er die Menschenim Herzen erreicht hat. Peter Pan zieht flötend seine Kreise.

Vielleicht begegnest er dir, in einer
Blume. In einem Baum, in einem
Gebüsch. Oder, in einem Flieder.

ENDE

EINE PRINSESSIN
UND DER
DRACHE DOGON

Hinter den Bergen,am Rande eines Meeres, liegt ein Königreich. Dort lebten die verschiedenen Völker der Drachen gemeinsam in Harmonie und Wohlstand.Manch einer erwartet vielleicht Schwierigkeiten, wenn so viele unterschiedliche Drachenvölker an einem Ort zusammenleben. Zum Beispiel vertragen sich die Feuerdrachen des Südens nicht unbedingt mit den Eisdrachen des hohen Nordens, oder die steinernen Drachen,flügellos und schwer, wie sie sind, mit den Himmelsdrachen, die den Boden so gut wie nie betreten. Doch abgesehen von ein paar kleinen Zwischenfällen gab es keine Probleme.Wer nach Dogonis zog, wusste worauf er sich einließ.Man muss in dieser Stadt sehr offen andren gegenüber offen sein, ansonsten fand man hier kein Glück....

Doch eines Tages geschah etwas ganz Schreckliches in der Stadt. Die Drachenprinzessin, eine Himmelsdrachin,von der gesagt wurde, sie sei so schön, dass selbst die Sterne neben ihr alle verblassten. Drachen sind nun mal sehr poetische Wesen. Sie wurde von den Menschen, den Erzfeinden der Drachen, entführt und an einem geheimen Ort eingesperrt. Natürlich brach unter allen Bewohnern Dogonis Panik aus. Die Drachenprinzessin war auch die zukünftige Herrscherin über alle Drachen..Ein

Angriff auf sie waren ein Angriff auf alle. Auch war sie sehr beliebt und hatte so manchen Bewunderer. Ihre nun, verzweifelten Eltern versprachen dem Retter eine große Belohnung. Natürlich keine Reichtümer. Sondern, dass ihr Befreier die Prinzessin heiraten dürfe. Wie gesagt, sie war sehr beliebt, und es meldete sich schnell eine Horde an Freiwilligen, alle hochmotiviert, in ein Abenteuer zu ziehen.Dogon gehörte nicht zu diesen begeisterten helden. Er war fast 300 Jahre alt, lebte aber noch in der Höhle seiner Eltern. Wie er ihnen so häufig oft sagte, musste er noch seinen Weg finden, und eine klare Vorstellung für die Zukunft entwickeln. Und welcher Ort eignete sich besser dafür als sein eigenes Zimmer?

Seine Mutter aber hatte je irgend-wann genug.Deswegen nutzte sie die erstbeste Gelegenheit, ihn vor die Tür zu setzen. „Dogon, du hast doch sicherlich von der entführten Prinzessin gehört, oder?" Dogon gab je, ein zustimmendes Grunzen von sich, blickte aber gar nicht von seinem Magazin auf. „Hast du mal darüber nachgedacht, vielleicht auch loszuziehen? Dein Glück in der Welt zu suchen? Etwas anderes zu sehen zu bekommen als immer nur deinen eigenen Raum?" Dogon gab ein verneinendes Grunzen von sich. Seine Mutter verlor die Geduld. „Okay, nun Klartex junger Mann!" Dein Vater und ich haben keine Lust mehr, dich hier gratis durchzufüttern. Du suchst dir ent-weder einen Job,ziehst nun aus und sammelst je deine eigenen Reichtümer oder du nutzt die Gelegenheit und heiratest eine reiche Prinzessin,die dann für den Rest deines Lebens deinen Unsinn finanzieren kann!" Dogon gab ein protestierendes Grunzen von sich und als das nicht half, versuchte er seine Mutter zu ignorieren, bis diese ihn in Ruhe ließ. Doch alle Mühe war vergebens. Dogon war und wurde gezwungen loszuziehen und sein Schicksal in der Welt zu suchen. Natürlich wollte er sein Glück mit der Rettung der Prinzessin je versuchen, denn wenn man die Wahl hat zwischen harter, und ehrlicher Arbeit und auch einer Hochzeit,die einen zum Prinzen macht, dann wählt man das Offensichtliche. Leider war so eine Rettungsaktion aber gar nicht so einfach. Erstens hatte Dogon unglaublich sehr viel Konkurrenz; die Aussicht auf ein Leben im Luxus lockte viele an. Zweitens wusste niemand, wohin die Menschen die Prinzessin nun gebracht hatten. Es gab sehr viele Menschenstädte und diese waren gut verteidigt. Alle abzusuchen war für einen einzelenen Drachen zu gefährlich. Dogon aber, im Gegenatz zu den meisten anderen losgezogenen Drachen hatte den Vorteil jahrelang erarbeiteter Strategiespiel, und darin seine Erfahrung. Bei solch einer Quest, das hatte er gelernt, durfte man nicht einfach blind drauflosziehen. Meistens gab es ein Orakel, einen Wahrsager oder eine gute Fee, die einem dann je weiterhelfen konnte. Sein großer

Nachteil allerdings war, dass er es nie aus der Stadt nun rausgeschafft hatte und sich in der Welt gar nicht auskannte. Außerdem zählte er gar nicht zu den fittesten Drachen, er hatte so gut wie keine Kondition,er musste nun häufig anhalten,weil er Seitenstechen bekam. Seine Reise ging also nur langsam voran. Doch er hatte riesiges Glück. Zufälligerweise stolperte er über ein Feen – Dorf. Das ist wörtlich zu nehmen! Feen – Dörfer sind sehr klein und Drachen verdammt groß und... Als sich die Bewohner dann einigermaßen beruhigt hatten, erzählten sie ihm von einer nahegelegenen Wüste,in der eine Sphinx ihm dann weiterhelfen könnte. Man will dem Untier, das mal eben dein Zuhause platttreten kann,gar keine Informationen vorenthalten. „Sei gegrüßt weise Sphinx. Ich bin ein einfacher Reisender auf der Suche nach Antworten. Normalerweise sprach er nicht so, aber er war auf einer sehr wichtigen Suche,um seine Stadt zu retten und reich zu werden, um ein bequemes Leben führen zu können und sprach mit einer uralten, mythischen Kreatur. Er hatte das Gefühl nun ein wenig dicker auftragen zu müssen. „Ich grüße dich Reisender' antwortete ihm die Sphinx. „Willst du die Geheimnisse des Tempels lüften und seinen Schatz heben, so musst du erst mein Rätsel lösen. Tust du es nicht..." „Moment mal", unterbrach Dogon sie. „Ich hab nie gesagt, dass ich den Tempel will. Ich will nur etwas wissen." „Oh", gab die Sphinx enttäuscht von sich,

43

dann hellte sich ihre Miene wieder auf. „Gut. Willst du das Wissen erhalten, das du begehrst,so musst du nun erst mein Rätsel lösen. Tust..." Wo steht es geschrieben, dass die Sphinxe für Informationen Rätsel stellen dürfen?",fuhr Dogon erneut dazwischen. Die Sphinx seufzte generft. „Schau, ich habe seit hunderten von Jahren gar niemandem mehr meine Rätsel stellen können. Anscheinend sind antike Tempel out oder sowas.Es ist mein einziger Sinn im Leben, Rätsel zu stellen. Also tu mir bitte einfach den Gefallen und spiel mit." „Okay, okay, gab Dogon nach. „Stell dann dein Rätsel." „Super, weißt du, ich hatte Zeit, um mir so viele Rätsel wie möglich auszudenken. Ich denke, für einen Drachen ist das nun auch

das Richtige gefundene Rätsel..."
Sie holte tief Luft und sprach dann
mit hallender Stimme..."

Kriege ich Nahrung vermehre ich
mich, aber als lebendig gelte ich
nicht. Früher bin ich nur mit
Blitzen gekommen, doch heute
haben mich Menschen als Freund
gewonnen. Ich bringe Leben und
Tod, ich nehme und gebe jeweils
die Not, ich trage manchmal ver-
schiedene Farben, und Wohlstand
blüht jedem, der nun nutzt meine
Gaben..."

Die Sphinx sah ihn erwartungsvoll
an. „Und,was bin ich?" Dogon hob
eine Klaue in die Höhe. „Moment,
ich denke nach... Nein, das würde
keinen Sinn machen." Die Sphinx

kicherte aufgeregt und wippte vergnügt mit dem Kopf hin und her. Bringe Leben und Tod..." murmelt Dogon leise. „Kann ich den Teil mit den Blitzen noch mal hören?" Die Antwort ist Feuer", platzte es aus der Sphinx heraus. Dogon sah sie verwirrt an. „Ich dachte, ich sollte das Rätsel lösen?" „Ja, aber du hast zu lange gebraucht." „Was ist der Sinn eines Rätsels, wenn du mir nun die Antwort auch je sofort verrätst?" „Ich wollte sehen, ob du denkst, dass es Sinn macht!' Dogon rief sich die Reime erneut in der Erinnerung zurück. „Ja, es macht Sinn. Aber warum meintest du, es sei ein perfektes Rätsel für einen Drachen?" Nun schaute die Sphinx ihn verwirrt an. „Äh, weil Feuer und Drachen... gehören zusammen... ist doch logisch." Dogon schnappte empört nach Luft. „Also nur weil jemand ein Drache ist, muss er etwa auch automatisch dann Feuer spucken?" „Nein, nein",versicherte ihm die Sphinx schnell. „Aber du als Feuerdrache..." „Und was lässt dich denken, dass ich ein Feuerdrache bin?" „Na ja, du hast rote Schuppen und... „Und das muss natürlich heißen, dass ich Feuer speien kann. Ich verstehe schon. Alle roten Drachen sind natürlich Feuerdrachen!" „Ich dachte halt einfach, dass eure Farbe..." „Ich habe meine roten Schuppen von meiner Mutter geerbt, einer Blitzdrachin", erklärte Dogon. „Ich bin, so wie mein Vater, ein Eisdrache." Okay, ich wusste nicht, dass das so funktioniert." „Wie soll es sonst so funktionieren?" „Schau, ich dachte halt..." „Das alle Feuerdrachen rot oder grün sind,alle Eisdrachen blau oder weiß und alle Himmelsdrachen friedliche Geschöpfe, die keiner Fliege etwas zuleide tun!Natürlich, so ist es,du hast uns nun erwischt, so ein fach ist unsere Welt!" „Hör zu, es tut mir wirklich sehr leid. Ich wollte dich nicht beleidigen." Ich möchte für dich hoffen, dass es dir leid tut." „Tut es! Wie wäre es damit, ich beantworte dir deine Frage und du vergisst dafür, dass ich jemals etwas gesagt habe?" Dogon dachte über den Vorschlag nach. Schließlich willigte er dann ein. „In unserer Stadt wurde die Drachenprinzessin von Menschen entführt. Hast du eine Ahnung, wo sie sie hingebracht haben könnten?'

Die Sphinx hob eine Pranke und deutete auf einen fernen Punkt am Horizont. Dann sprach sie wieder mit hallender Stimme: „Fliege in diese Richtung und was du dann begehrst, wirst du erhalten." „Huh, woher weißt du, dass sie da ist?", fragte je Dogon. „Hast du irgendwelche Seherkräfte?" „Nö", sagte die Sphinx. „Ihre Entführer sind nur zufällig durch diese Wüste gekommen. Hatte eigentlich gehofft, dass sie in den Tempel wollen, sind aber einfach weitergezogen. Wenn du mich fragst, hast du unglaubliches Glück, dass ich sie gesehen habe." Dogon bedankte sich und flog dann weiter, vorher rief er der Sphinx noch zu: „Ich empfehle dir wirklich, mehr zu lesen.Und solche Verfallgemeinerungen von vorhin, können dich ziemlich altmodisch wirken lassen." dann war er hoch in der Luft, weiter auf der Suche nach der gefangenen Prinzessin. Nach einer nun dreitägigen Reise machte Dogon Pause. Danach war Dogon endlich bei der Menschenstadt angekommen. Es war eigentlich keine richtige Stadt. Eher ein großer Turm, um den herum noch mehrere Lager aufgebaut worden waren. Die Prinzessin war sicherlich in diesem Turm. Nach kurzem Überlegen entschied sich Dogon für einen Frontangriff. Die Verteidigungsanlagen des Turms waren zwar offensichtlich dazu gedacht. Drachen abzuwehren, allerdings halfen sie nur gegen Feuerdrachen. Dogon hatte deswegen kaum Probleme, ganz im Gegenteil; die Wassermassen, die die Menschen vom Turmdach nun herunterschüttelten, halfen ihm als Eisdrachen sogar. Als dann die Menschen sogar einen nahegelegenen Staudamm zerstörten, um alles mit Wasser zu überfluten, konnte er sie einfach komplett in einem riesigen Eisberg einfrieren. Kurz überlegte er, sich bei ihnen zu beschweren, ließ es dann aber sein. Wenn selbst eine Sphinx Vorurteile hatte, dann gab es für die Menschen wohl kaum eine Chance auf Besserung. Als er nun den Turm betrat, musste Dogon allerdings feststellen, dass die Drachenprizessin nicht da war. Anscheinend hatte sie sich nun selbst befreit. Jetzt wo er darüber nachdachte, machte das sehr viel Sinn. Wenn die Menschen nun fest daran glaubten, dass jeder Drache Feuer spucken musste, dann hatten sie sicherlich nicht damit gerechnet, dass sich die Prinzessin, als Himmelsdrachin in Luft verwandeln konnte. Himmelsdrachen können das tatsächlich. So plötzlich wie seine Quest begonnen hatte, würde sie wohl auch enden. Die Prinzessin war vermutlich schon längst in Dogonis und er hatte es nicht mitbekommen. Wie auch? Drachen hatten keine Möglichkeiten, Nachrichten schnell auf der ganzen Welt zu verbreiten. Dogo fürchtete nun schon, dass er sich jetzt irgendwo Arbeit suchen musste, ohne Hoffnung auf das schnelle Vermögen. Er dachte angestrengt nach, ob es doch eine Möglichkeit gab, schnell und einfach an Geld zu kommen.

Zu seiner Freude fiel ihm je etwas ein. Auf dem Rückweg besuchte er erneut die Sphinx. Dort gab er sich als Feuerdrache aus. Die Sphinx erkannte ihn gar nicht, denn für sie sahen alle Drachen gleich aus, und er hatte Glück. Sie stellte ihm das exakt das gleiche Rätsel.Er brauchte zwar eine halbe Ewigkeit, um den Schatz der Pyramide nun nach Hause zu schaffen, aber es lohnte sich. Und so gelang es Dogon, von nur einer Anstrengung in seinem ganzen Leben, das große Geld zu machen. Er lebte noch ein faules, frohes,aber nicht sonderlich langes Leben. Er starb mit 500 Jahren an Herzverfettung, denn wenn man sich gar nicht bewegt, ist das nun mal nicht besonders gut für den Körper... Happy end ?

Vivien zog sich die Krempe des Hexenhuts zurecht und sah ihren alten Freund Hardy erwartungsvoll an. „Wie sehe ich aus?" „Wie eine alte Hexe", kicherte Hardy. „Steht dir wunderbar, vor allem mit der Maske sagte er lächelnd. „Wird auch Zeit, dass du deine nun aufsetzt, nicht das dir jemand deine 700Jahre ansieht.Wir wollen uns ja zuerst amüsieren. Vivien drückte ihm eine Maske in die Hand auf der das Gesicht eines Teufels aufgemalt war. Gehorsam stülpte nun Hardy sie sich über. „Gut das wir beide klein sind kicherte Vivien die Hexe. Vergiss nicht deine Stimme zu verstellen", riet Vivien ihm, ehe sie sich nun unter die kostümierten Kinder auf der Straße mischten. Die meisten waren mit ihren Eltern unterwegs.Vivien und Hardy suchten sich ein Paar mit drei Kindern aus. „Dürfen wir mit Ihnen gehen?, fragte Vivien und freute sich, dass ihre Stimme wie die einer Neunjährigen klang. Es hatte genutzt, das lange zu üben, genau so wie auch das etwas linkische Halten des Besens. „Wo sind denn je eure Eltern? Der Vater musterte Vivien und Hardy misstrauisch. „Die sind auf der Arbeit", antwortete Hardy, im Krankenhaus. Unser Vater ist Arzt, und..." „Wir kommen natürlich nicht mit wenn Sie es nicht wollen", fiel Vivien ihm ins Wort. Doch sofort kam ihr die Mutter der Kinder zu Hilfe. „Narürlich könnt ihr mitkommen, Andre ist manchmal etwas zu misstrauisch." Sie lächelte Vivien und Hardy an und wuschelte Hardy durch das feuerrote Haar. Zwei Stunden später war Viviens Hexenhut voller Süßigkeiten,und Hardy hatte sich die beiden Hosentaschen vollgestopft, das sie ausbeulten. „Vielen Dank, dass wir mit Ihnen kommen durften",dankte Vivien der Familie und machte sogar einen Knicks. „Wir gehen jetzt nach Hause." Sie zog Hardy an der

Hand und drängte ihn auf die andere Straßenseite. „Lasst euch die Süssigkeiten nun schmecken und happy Halloween!" Die Eltern und ihre Kinder winkten ihnen zum Abschied noch einmal zu. In einer ruhigen Seitenstraße fischte Vivien als erstes die Lakritze aus dem Hut und steckte sie sich in den Mund. Welch herrlicher Geschmack! Da konnte sie noch tausend Jahre alt werden, dieser Genuss würde immer etwas Besonders sein. Hardy sah ihr ungeduldig zu. „Wir haben noch was vor",erinnerte er sie."Ich weiß, aber ich habe ja gesagt, wir amüsieren uns zuerst." Sie merkte das Hardy ärgerlich wurde und sie fegte die Süßigkeiten rasch in ihre Manteltasche, ehe sie sich wieder den Hut nun aufsetzte,und ihm den

Besen hinhielt. „Steig auf!" Das ließ Hardy sich je, nicht zweimal sagen. Er liebte es mit ihr zu fliegen. „Was glaubst du, wer es sein wird?, fragte Vivien drei Stunden später, nachdem der Besen sie durch die Lüfte getragen und sie sich einige Häuser und die dort lebenden Menschen angesehen hatten.Viviens Besen war auch mit einer Glaskugel ausgestattet. „Der 99-Jährigen im allerersten Haus bestimmt antwortete Hardy, „und ich glaube,auch die Frau im letzten Haus. Sie ist auch schon so lange krank. „Sonst niemand? Ich hätte gerne noch einen Jüngeren, einen der dann im selben Alter stirbt wie wir."„Okay. Dann nehmen wir nun noch Andre ....." Diese zwei Kinder, die mit uns gehen wollten, kamen mir komisch vor", sagte Andre zu seiner Frau, als sie zu Hause waren und ihre Kinder endlich im Bett lagen. „Ich wollte sie nicht wegschicken,wenn ihre Eltern so hart arbeiten müssen", erwiderte nun seine Frau und streichelte seinen Arm. „Nächstes Jahr holen wir niemanden mit." Andre schüttelte sich nun. „Jetzt ist mir auf einmal kalt geworden." Er nahm seine Frau in den Arm. „Nein,im nächsten Jahr nehmen..."

DER NIKOLAUS

UND MARIA

Das Christkind kam bei uns früher immer Nachts. In den frühen Morgenstunden des ersten Weihnachtstages schlichen wir uns in die gute Stube,um die sehnlich erwünschten Geschenke zu begutachten.Die fielen damals deutlich bescheidener aus, als heute vielfach üblich ist. Trotzdem freuten wir uns über den Bollerwagen, das Holzpferd oder das Dreirad. Viele Sachen gab es auch wiederholt geschenkt. Der längst ramponierte Bollerwagen stand irgendwann runderneuert und mit neuer Farbe versehen wieder unter dem Tannenbaum. Er gehörte jetzt aber meinen kleinen Bruder. Für mich gab es ein kleines Zweirad, das im Nachhinein betrachtet doch sehr dem Wochen zuvor verschwundenen Dreirad ähnelte.

Auch konnte man Sachen zum Reparieren an das Christkind auch schicken. Die wurden dann Anfang Dezember vom Nikolaus mit in den Himmel genommen.... So legte meine Schwester Janine dann ihre Puppe, die an einen ausgekugelten Arm litt, am Nikolausabend auf die Fensterbank. Die Puppe hatte sie Maria getauft, und damit das auch für alle sichtbar war, hatte Janine der Puppe mit einem Kugelschreiber ein großes M auf den Rücken graviert. Maria war am nächsten Tag tatsächlich nicht mehr da. Aber zur großen Enttäuschung lag sie am Weihnachtstag auch nicht unter dem Tannenbaum. Die musste dem Nikolaus bei der Fahrt durch den Borkwalder-Wald wohl demnach von seinen Schlitten gefallen sein.

Denn sie wurde im Frühjahr, nachdem der letzte Schnee geschmolzen war, von einem Waldarbeiter gefunden. Dieser nahm sie mit in seinen Heimatort Belzig. Als er sich nach Feierabend in der Bahnhofskneipe zum Bier mit seinen Kumpels traf, setzte er dann die verschmutzte Puppe mit dem ausgekugelten Arm auf die Theke. In der Gaststätte verkehrten damals auch viele amerikanische Soldaten. Ein junger Soldat aus New York dachte an seine kleine Schwester, für die er je noch ein Mitbringsel suchte. Für eine große Runde Bier schwatzte er dem Waldarbeiter die Puppe ab und nahm sie wenige Tage später mit nach Amerika. Die Puppe wurde repariert und bekam dann schöne neue Kleider.

Seine kleine Schwester freute sich sehr über das kleine Geschenk und spielte viele Jahre fast jeden Tag damit. Doch das Mädchen wurde älter und irgendwann fand dann die Puppe mit anderen ausrangierten Spielsachen im Keller ihren Platz. Die Familie zog einige Jahre später in eine andere Stadt. Der Keller wurde ausgeräumt und so landete nun die Puppe schließlich auf dem Sperrmüll..... Auf der Suche nach nützlichen Gegenständen entdeckte einer der vielen New Yorker Obdachlosen die Puppe und nahm sie mit. Vielleicht konnte man sie auch noch zu Geld oder Snaps machen. Also plazierte er sie neben seiner Bank im Park.... Dort fiel sie einen armen Familienvater ins Auge. Dieser war noch am Vormittag des

Heiligen Abends immer noch auf der Suche nach einem kleinen Weihnachtsgeschenk für eines seiner sieben Kinder. Man wurde sich schnell einig. Für nur einen Dollar kaufte er die Puppe. Diese hatte jetzt gleich mehrere neue Mamas. Sie wurde sehr umsorgt, mehrmals am Tag gewaschen, aus und angekleidet und ins Bett gebracht. Ohne eine regelmäßige Arbeit hatte die Familie oft nicht einmal genügend Geld,um etwas zu essen zu kaufen. Eines Tages wusste der verzweifelte Familienvater keinen anderen Ausweg mehr.Er brachte die Puppe seiner Kinder zu einem Pfandleiher um, dafür etwas Geld für Brot zu bekommen. Aus purem Mitleid nahm der Pfandleiher diese nun,inzwischen doch so sehr ramponierte

Puppe entgegen. Doch bei näherer Betrachtung fand er sie dann doch nicht so schlecht. In seiner Werkstatt reparierte er die Puppe liebevoll.Nachdem alle Arme und Beine und auch der Kopf wieder festsaßen, malte er sie an und beklebte den Kopf mit sehr schönen blonden Locken.Die Puppe sah aus wie neu. Sie erhielt im Schaufenster sofort den Ehrenplatz....Viele Jahre waren in der Zeit vergangen.Meine kleine Schwester war nun längst erwachsen, hatte geheiratet und mittlerweile zwei erwachsene Kinder, Manuela und Andreas. Andreas verbrachte nach seinem Abitur ein halbes Jahr in Amerika, um seine Englischkenntnisse zu verbessern..... Kurz vor seiner nun Heimreise, es war wenige Tage vor

Weihnachten, schlenderte er durch die verschneiten Straßen von New Yorks. Er war noch auf der Suche nach einem Weihnachtsgeschenk für seine Mutter. Da fiel ihm im kleinen Schaufenster eines alten Ladengeschäftes eine Puppe ins Auge. Seine Mama, die schon immer Puppen gesammelt hatte, würde sich sicher darüber freuen. Also kaufte er sie, ließ sie sich schön einpacken und nahm sie am nächsten Tag mit nach Hause. Dort legte er sie am Heiligabend unter den Tannenbaum.Am späten Nachmittag setzte sich dann die Familie meiner Schwester zum gemeinsamen Racletteessen an den reich gedeckten Küchentisch. Nach dem ausgiebigen Weihnachtsessen war die Bescherung angesagt.

Reihum durfte man dann seine Geschenke auspacken. Man musste dazu allerdings zuerst eine Sechs würfeln, was meiner Schwester lange nicht gelingen wollte. Als es endlich doch klappte, schnappte sie sich natürlich das Paket von mir. Sie fand die Puppe sehr schön, und plazierte sie auf einem Stuhl neben dem Eckregal, das bereits mit mehreren Puppen dekoriert war, und gesellte sich wieder zu den anderen. Es wurde Rotwein getrunken und Manuela versuchte der neuen Geige die Töne eines bekannten Weihnachtsliedes zu entlocken. Insgesammt war es ein sehr gemütlicher Abend..... Zufrieden legte sich Janine zu später Stunde ins Bett. Aber sie konnte nicht einschlafen,sondern wälzte je sich unruhig hin und her. Immer wieder tauchte in ihren Gedanken das Gesicht dieser Puppe auf. Nun, irgendwann hielt sie es nicht mehr aus. Noch etwas schlaftrunken stand sie auf, ging in die Stube, schnappte sich die Puppe und zog ihr die Kleider aus. Und dann sah sie es. Die Puppe hatte auf dem Rücken ein großes M..... Meine Schwester nahm die Puppe liebe-voll in den Arm und begann zu weinen.

ENDE

PRINZESSIN ?

HEXE ?

ODER FEE ?

70

Janine war ein ganz gewöhnliches Mädchen, eher klein und unscheinbar, mit zotteligem schulterlangem Haar. Ja, die Farbe... Landläufig wurde sie als straßenköterblond bezeichnet. Nicht sehr schmeichelhaft. Die siebzehnjährige war recht schüchtern, hatte lediglich eine sehr gute Freundin namens Birgit. Diese war das komplette Gegenteil von Janine. Birgit war auch einen halben Kopf größer, hatte rotblondes Haar, elegant gewellt, war sehr attraktiv, obwohl das gewiss im Auge des Betrachters lag. Nun, Janine war, so gesehen, gar keine Schönheit, hatte ein kleines Bäuchlein, wirklich nur ein kleines, recht üppige Augenbrauen und einen Damenbart, der jedoch auch gar nicht so auffiel, denn diese Haare waren erstaunlicherweise hellblond. Auffälliger waren da schon die beiden kleinen Warzen am Kinn. Wie bei jedem Mädchen in ihrem Alter wuchs auch bei Janine das Interesse an den Jungs. Doch während sich diese nur um Birgit scharten, wurde Janine, die kleine graue Maus, wie sie schon von manchen zu hören bekam, gar nicht beachtet. Ob ihrer kleinen Warzen wurde sie gar schon einmal als kleine Hexe tituliert. So kann das nicht weitergehen dachte sie, war traurig und wütend zugleich. „Was hat Birgit, was ich nicht habe?" Da erschien bei Janine eine kleine Hexe. Schwebte auf ihrem Besen plötzlich neben dem Mädchen. „Na, sie ist... Sie hält sich für wunderschön."

Die Hexe aber kicherte. Janine erschrak. „Hey, wer bist du denn?" Sieh mich an!" Janine sah sich das Gesicht der Fabelgestalt an und erschrak erneut. Die sieht ja aus wie ich, dachte sie. In der Tat, diese Hexe hatte das gleiche Zottelhaar, auch die vollen Augenbrauen. Der Damenbart und zwei kleine Warzen zierten ihr Gesicht. „Sag mir, wie kann das je sein?" „So sehen dich die Jungs, verstehst du?" Und was willst du jetzt von mir?" „Ich wollte vorher fragen, bevor ich mit der Suche nach den seltenen Zutaten mache, ob du damit einverstanden bist." „Womit denn einverstanden?" „Ich könnte dir einen Zaubertrank zusammenstellen, der dich zu einer hübschen Prinzessin macht." „Oh, das wäre..."

Janine verfiel in Träumerei, stellte sich vor, wie die Jungs wohl dann schauen würden, wenn sie eine schöne Prinzessin wäre. Doch dann holte ihr Verstand sie zurück in die Realität. „Wie soll das denn gehen? Wo ist der Haken, kleine Hexe?" „Kluges Kind. Es ist natürlich nur für eine gewisse Zeit. Und dann lässt die Wirkung langsam nach." „Dann habe ich doch nichts gewonnen", klagte Janine und begann zu weinen. „Armes Kind. Überlege es dir. Denk einfach an mich, dann werde ich da sein", sagte die Hexe und verschwand. Janine erschrak auch diesmal, sie schaute sich um. Doch die kleine Hexe auf ihrem Besen war nicht mehr da. Traurig ging sie nach Hause.

Am nächsten Tag in der Schule wurde sie von ein paar Jungs gehänselt. Sie sähe aus wie eine kleine Hexe, der nur der Besen fehlte, ssagten sie. Nur ein Junge hatte ein wenig Mitleid mit Janine. Ach, lasst sie doch", sagte er zu den anderen, zog sich jedoch sogleich zurück. Doch die anderen schoben ihn an, drängten ihn zu Janine, stichelten böswillig, er möge sich ihren annehmen, weil sie sonst ohnehin keinen abbekommen würde. Der Junge, Rainer schaute unsicher in die Runde. Er war ebenso schüchtern wie Janine. Ihr seid doch verrückt", stammelte er. Dann lief er davon. Die bösen Jungs erblickten Birgit, stießen Janine zu Boden. Lachend und fen sie der Blondine hinterher.

Janine erkannte, dass die Freundin sich nicht um sie scherte, sondern mit den Jungs flirtete, mit ihnen fortging. Wieder ein trauriger Tag, dachte Janine. Und sie hatte zur Zeit niemanden, dem sie sich anvertrauen konnte. Ihre Eltern waren vor ein paar Tagen in den Urlaub gefahren, weil Janine ihnen versichert hatte, alleine klar zukommen. Ihre Freundin Birgit schien fiel zu sehr auf die Jungs fixiert zu sein, als das sie zugunsten einer anderen auf deren Gunst verzichten wollte. Am Abend lag sie in ihrem Bett und träumte von der kleinen Hexe auf dem Besen. Oh, nur einmal Prinzessin sein", flüsterte sie. Da erschien die Hexe. Du hast nach mir gerufen, liebes Kind. Soll ich dir..."

Janine unterbrach sie mit einem lauten „Ja!" Die Hexe schaute nun irritiert. „Gut, in drei Tagen bin ich wieder da. Dann bekommst du, was du wünscht." „Wie lange wird der Zauber anhalten?" „Drei Tage, liebes Kind." Und schon war sie verschwunden. Nun wartete Janine diese drei Tage, sah ihre Freundin Birgit am ersten Tag mit einem Jungen, am nächsten mit einem anderen. Am dritten Tag war es erneut ein anderer. Janine mochte ein wenig schüchtern und naiv sein, doch das schützte sie nicht davor, ein klein wenig Neid zu empfinden, dass Birgit offenbar jeden haben konnte. Allerdings sah sie auch Rainer, der von all den anderen Jungs stets gefoppt wurde, dass er je, kein Mädchen abkriegen würde, weil er zu feige sei. Rainer war wie Janine. Eher klein und unscheinbar, dazu kurzes und ebenso zotteliges Haar von einer undefinierten Farbe, ganz genau so, wie Janine. Sein Bartwuchs war sehr spärlich. Ungeduldig dachte Janine am Sonntagabend auf dem Heimweg an die kleine Hexe. Und schon erschien sie, schwebte auf ihren Besen neben dem Mädchen. „Ah, da bist du ja." Na, na, na. Nicht so ungeduldig, mein Kind. Das ist nun kein Spaß, hörst du?" „Entschuldige liebe Hexe", antwortete Janine ehrfürchtig. Die Dame auf dem Besen reichte dem Mädchen eine kleine Flasche mit einer hellgrünlichen Flüssigkeit darin. „Hier trink!" Janine schaute nun auf das Gefäß,

78

verzog je das Gesicht und meinte: Du bist dir sicher, dass ich damit zur schönen Prinzessin werde, ja." Was denn sonst? Was kann ich dafür, dass das Gebräu eine so unappetitliche Farbe hat?" Ohne weitere widerworte trank Janine alles aus. „Und jetzt?" „Jetzt gehst du schön ins Bett und schläfst acht Stunden. Und wenn du morgen aufwachst, bist du die schönste Prinzessin, die die Welt ja gesehen hat. Versprochen." „Das klingt gut. Was wenn ich weniger schlafe?" Dann wirst du immer noch schön sein, aber vielleicht nicht die aller-schönste aller Zeiten. Jetzt frage bitte nicht, was sein könnte, wenn du länger schläfst. Bitte nicht!" Janine kicherte. „Ich werde mich dann sehr bemühen, den perfekten

Augenblick der Verzauberung je nicht zu verschlafen, liebe Hexe." Nimm die Sache ernst, mein liebes Kind. Das ist kein Spiel." Janine schloss ihre Augen, stellte sich vor, wie sie wohl aussehen möge. Als sie ihre Augen wieder öffnete, war die Hexe fort. Sie eilte nach Hause, um deren Anweisung zu befolgen. Als sie aufwachte war es noch dunkel. Schlaftrunken tappste sie ins Bad. Die acht Stunden waren vorbei, doch Janine dachte gar nicht daran.Erst als sie ihr Spiegel- bild erblickte, entrann ihrer Kehle ein fröhliches Jauchzen. Schlag- artig war sie hellwach. „Prinzessin Janine, du bist unfassbar schön. Die liebe Hexe hat nicht zu viel versprochen", sprach sie zu sich selbst. In der Tat hatte sich nun, die ganze Erscheinung des Mädchens verändert. Größer war sie zwar nicht geworden, aber sie stellte begeistert fest, dass sie nun eine makellose Figur hatte. Auch ihr gesicht war absolut ebenmäßig, keine buschigen Brauen, kein Damenbart... Und keine Warzen! Janine jubelte.Sie bewunderte sich bis zum Sonnenaufgang im großen Spiegel, ließ ihr dichtes hellblondes Haar, das ihr bis zum Po hin reichte, vergnügt durch die Finger fließen. Beschwingt startete sie in den Tag, duschte ausgiebig, frühstückte anschließend im Bademantel, bevor sie die zwei Flügeltüren ihres Kleiderschrankes zugleich öffnete. Sie erschrak sehr, weinte Freudenstränen. In ihrem Schrank hingen nun lauter edle Kleider, wie sie einer Prinzessin würdig waren. Eines schöner als das andere. Die Wahl der richtigen Garderobe für den ersten Tag war gar nicht so leicht, stellte sie fest. Janine wählte schließlich ein blaues Kleid, das gut zu ihren blauen Augen passte, dachte sie. Außerdem war es mit kurzen Ärmeln, einen für Janines Gewohnheiten den gewagten Ausschnitt, sowohl im Rücken als auch das Dekollete, und wadenlang angemessen für die sommerlichen Temperaturen. Die dezente Stickereien mit Goldfaden verliehen dem Kleid einer Prinzessin würdigen Glanz. Die werden Augen machen, dachte Janine, als sie sich auf den Weg zur Schule machte. Sie konnte es nicht fassen, welch große Aufmerksamkeit ihr plözlich zuteil wurde. Zunächst vernahm sie nur ein verwundertes Raunen und Tuscheln. Doch bald kamen alle Jungs zu ihr, wie die Motten zum Licht. Sie umringten das wunderschöne Mädchen mit dem ebenso hübschen Kleid. Oh, mein Gott, dachte sie, wie soll ich mich jetzt verhalten? Anfangs genoss sie die Neugierde der Menschen um sie herum, blieb ihrem Naturell der Schüchternheit treu. Sie wollte auch nichts überstürzen. Doch sie erkannte schon sehr bald, dass sie ein wenig mehr Mut und Selbstvertrauen an den Tag legen musste. Die schiere Bewunderung ihrer Schönheit war den Junga bald gar nicht mehr genug, sie äußerten Begehrlichkeiten. Janine wusste nicht recht, wie sie damit umgehen sollte. Sicher, sie wünschte sich eine Freundschaft zu einem netten Jungen. Birgit hatte es ihr ja tagtäglich vorgemacht, wie es funktioniert. Aber wollte sie es der Freundin gleichtun? Musste sie auf alle Wünsche eingehen, die die Jungs an sie herantrugen? Nein, dachte sie, ganz sicher nicht. Sie wollte einen, und nicht jeden Tag einen anderen. Der erste Tag war vorüber. Janine hatte die Aufmerksamkeit genossen, die sie erfahren hatte. Sie hatte aber auch die Fallstricke erkannt, die sie auch vom rechten Weg abbringen würden, wenn sie diese missachten würde. Das wollte sie keinesfalls. Deshalb hatte sie keiner Verabredung bei ihr zu Hause oder gar im Hause einer dieser Jungs zugestimmt.

Am zweiten Tag trug sie ein bernsteinfarbenes Kleid. Auch da liefen auch da liefen ihr die Jungs hinterher und formulierten ihre Wünsche unverholen. Doch Janine erkannte, dass sie alle das gleiche Motiv trieb. Sie wollten sich mit einer wunderschönen Prinzessiin an ihrer Seite schmücken, den Neid der Mitbewerber anheizen. Einen solch selbstsüchtigen Partner wollte sie nicht haben. Sie bemerkte auch Rainer, der sich schüchtern wie er war, stets im Hintergrund aufgehalten hatte. Und sie sah Birgit. Sie war allein. Sie schien traurig zu sein, denn die Jungs waren nur noch an Janines, der Prinzessin interessiert. Als sie nach der Schule ins Bristo ging, liefen sie alle hinterher. Janine war froh, an einem öffentlichen Ort zu sein, wo ihr im Ernstfall jemand anderes zu Hilfe kommen könne, hoffte sie. Nur für den Fall, dass einer dieser Jungs auf dumme Gedanken kommen sollte... Auf dem Heimweg bemerkte sie ihre Unsicherheit, denn auch da folgten ihr ein paar Jungs. Sie hatte Angst, gestand sie sich ein. Da der dritte Tag kein anderes Bild ergab, zweifelte Janine an der Sinnhaftigkeit ihres Wunsches, von dem sie so sehr geträumt hatte. Jetzt war sie drei Tage lang eine Prinzessin. Und was hat es ihr eingebracht? Einen Haufen offensichtlich unreifer Jungs, die sich mit ihr zeigen wollten, um den anderen zu beeindrucken. Janine ging nach Hause. Birgit folgte ihr unbemerkt.

Ich war drei Tage eine Prinzessin, dachte Janine, aber jetzt muss es gut sein. Gedankenverloren holte sie ihren Hausschlüssel hervor. Birgit sprach sie an: „Wie hast du das gemacht?" Es klang wütend. Ich bin jetzt nur noch Luft für die Kerle!" „Oh, Birgit, Janine lachte. Weißt du, es war ganz nett, aber Morgen ist der Spuk vorbei!" „Was vorbei, fragte die Freundin nach. Wovon sprichst du? Was für ein Spuk?" „Morgen bin ich wieder die alte Janine, die du kennst. Dann kriegst du all deine Jungs zurück. Versprochen. Nicht einen von all diesen Idioten will ich haben. Nicht mal für geschenkt!" „Ich verstehe dich nicht. Aber jetzt erklär mir mal, warum du dich so rausgeputzt hast."

Ich habe mich nicht herausgeputzt.'
Ach, erzähl doch nix! Die Kleider
sind dir zugeflogen, oder was ?"
Gewissermaßen. Ich hatte den
Traum, mal eine Prinzessin zu
sein. Und diese kleine Hexe auf
ihrem Besen hat ihn mir erfüllt."
Birgit lachte lauthals. Sie nahm
Janines Worte gar nicht ernst, ver-
spottete die Freundin. Janine war
wütend, doch sie zeigte es nicht.
Morgen gehören sie wieder dir."
Warum willst du denn keinen von
ihnen? Hast du keine Geschenke
von ihnen bekommen?" „Ich bin
nicht käuflich! Sie sind dumm.
Einfach dumm und selbstsüchtig.
Genau wie du, Birgit!", rief sie,
stieß die Tür auf und verschwand
eilig im Haus. Die Freundin war
völlig perplex, brachte keinen Ton

88

heraus. Na warte, dachte sie, dir zeige ich es. Janine grübelte, sie erkannte, dass sie die Freundin möglicherweise beleidigt hatte. Sie schaute aus dem Fenster. Da stand Birgit noch immer vor dem Haus. Plötzlich schrie sie: „Der Teufel soll dich holen!" Dann rannte sie davon. Dummes Huhn, dachte Janine, du hast nichts verstanden. Als Janine am nächsten Morgen erwachte, stellte sie entsetzt fest, dass sie noch immer die schöne Prinzessin war. „Nein!", schrie sie. Ich will das nicht mehr!" Sie war noch immer allein im Haus, denn der Urlaub ihrer Eltern endete erst in einer Woche, zwei Tage vor ihrem 18ten Geburtstag. Das Mädchen suchte im ganzen Haus nach ihren alten Kleidern.

Sie wollte keines dieser pompösen Dinger mehr tragen. Sie wollte doch wieder sie selbst sein. Doch nirgendwo fand sie ein anders Kleidungsstück. Nicht mal im Schrank der Eltern. „Das ist doch irre!“, fluchte sie. „Hexe! Wo bist du?“ Doch die kleine Hexe auf dem Besen erschien nicht. Janine war versucht, sich bei der Schule krank zu melden, um das Haus nicht verlassen zu müssen. Doch das bereitete ihr ein schlechtes Gewissen. Sie war eine ehrliche Schülerin, konnte diese Lüge nicht ertragen. War dieses Prinzessinsein nicht auch eine Lüge, fragte sie sich dann. Sie ersann einen kühnen Plan für diesen letzten Schultag vor dem Wochenende. Auf dem Weg zur Schule trödelte nun Janine ganz bewusst, damit schon alle in den Klassenräumen sein würden, wenn sie das Schulgelände betrat. Das Kleid, das sie gewählt hatte, hat auch ihre ganze Überwindung gefordert, denn es war nun auch sehr gewagt. Der Rücken war sehr tief ausgeschnitten, die schmalen Schulterschlaufen mündeten in ein aufregendes Dekollete, und der Rocksaum des pastellrosafarbenen Kleides mit viel Goldverzierungen reichte gerade einmal bis zu den Knien. Janine war sich der Wirkung dieses Kleides bewusst. Daher musste sie allen Mut zusammennehmen, um fröhlich beschwingt in den Klassenraum zu tänzeln. Sie richtete sich auch sogleich an die Lehrerin: „Verzeihen Sie je meine Verspätung, Frau Inter."

Dieser ging der Mund auf, doch sie blieb sprachlos. Janine bemerkte zudem den bösen Blick von Birgit. Die Jungs hingegen jubelten lauthals. Alle außer Rainer. Er lächelte nur schüchtern. Janine ging auf Rainer zu, dann fragte sie ihn laut und deutlich: „Sag mal Rainer, was machst du eigentlich am Wochenende?" Der Junge sah zu Janine auf, erhob sich sogar und sagte: „Janine du bist wundervoll." Ein Raunen ging durch die Klasse. Janine und Rainer schauten einander an. „Ich möchte dein Freund sein, Janine." Sie lächelte, legte ihre Hände auf seine Schultern und sagte: „Lieber Rainer, du bist mein Freund. Du bist nämlich auch der Einzige, der mir nicht irgendetwas vorzumachen versucht.

Du bist freundlich und aufrichtig."
Rainer schmunzelte, doch er war
zu schüchtern, um seiner Freude
Ausdruck zu verleihen. Doch
diesen mutigen Schritt nahm nun
Janine ihm ab. Sie streckte sich,
denn er war ein Stückchen größer
als sie, schlang ihre Arme um ihn
und drückte ihn sanft an sich. Die
Tage als Prinzessin hatten Janine
offenbar ein größeres Selbstver-
trauen verliehen, obwohl sie die
Erfahrungen, die sie als begehrte
Schönheit gemacht hatte, sehr
schnell als nicht erstrebenswert
verdrängte. Rainer blieb jedoch
immer noch schüchtern, legte seine
Arme behutsam um das Mädchen,
schaute ihr in die blauen Augen
und lächelte. Da war plötzlich die
gute Fee und schwebte über beide.

Dann schwang sie ihren Zauberstab, ließ damit einen Sternenregen über sie rieseln und rief ihnen zu: „Nun küsst euch doch endlich!" Janine schlang ihre Arme fester um Rainers Körper, kam mit ihrem Gesicht dem seinen noch ein Stückchen näher, spitzte nun ihre Lippen und schloss die Augen, ersehnte nun die entsprechende Reaktion von ihrem Freund, als den sie ihn von nun an sah. Ihre Hoffnung wurde nicht enttäuscht...

Es war der Beginn einer perfekten Freundschaft, einer glücklichen Beziehung, die ein Leben lang hielt.

ENDE

EINE
GROßMUTTER

Zu Zeiten als die Menschen noch an Wunder glaubten, lag in einem kleinen Dorf eine Großmutter des Abends im Bett und wünschte sich etwas. Einen Zentner Leichtigkeit hätte sie gern. Nicht weil sie etwas rundlicher geworden war, damit hatte sie sich abgefunden, und das Rundliche füllte ja auch einige Fältchen frisch auf. Sie hatte vielmehr das Gefühl, vieles sei so schwer geworden, dass sie es nicht mehr tragen könne.Die Großmutter schloss also die Augen, dachte an ihren Wunsch und nebenbei gleich noch so einiges anderes und schlief darüber ein. Denken ist ja auch eine anstrengende Angelegenheit. Als sie des Morgens erwachte, schwebte sie über dem Kirchturm. Ein Zentner Leichtigkeit war wohl doch zu viel. „Herjeh', flüsterte sie. Das ist ja nun freilich ziemlich hoch. Aber was soll's. Bleibe ich halt hier schweben und sehe mir die Welt von oben an." Was sie dort jedoch alles sah – erquicklich war es nicht in jedem Fall und ihr wurde bange. Flugs war nun alle Leichtigkeit dahin, und die Groß-mutter plumste nun in den Kirsch-garten. Da lag sie nun mit großen schmerzenden Gliedern und schmutzigen Kleidern, und alles war so schwer als wie zuvor. Doch plötzlich erschien ein kleines grünes Männlein und sprach zu ihr, das sie, den klassichen Wunsch-regeln zufolge, auch noch zwei Wünsche frei hätte. Aber die Groß-mutter murmelte vor sich hin, dass sie nun vom je Wünschen die Nase gestrichen voll hätte und erst einmal in die Badewanne wolle, samt ihres Schlafkleides, welches am helllichten Morgen nicht nur unangemessen, sondern auch verdreckt war. Was sollten denn die Leute denken! Voller Schmerz und Schmach humpelte sie von dannen, nicht vor sich hinzumurmeln, wie naiv es doch gewesen sei, einen Wunsch zu vertrauen. Endlich in der Wanne liegend genoss sie die ganze Tragkraft des Wassers und beschloss, dies jetzt immer dann zu tun, wenn das Leben ihr wieder einmal zu schwer würde. Wenigstens hier hätte sie ihre gewünschte Leichtigkeit. Ach, wäre es doch immer so einfach, dachte sie. Und blitzsauber und duftend wäre man noch dazu. Doch nach einer Weile, sah die Großmutter zufällig in den Spiegel und war nun überrascht. So blitzsauber und duftend sah sie fast so hübsch aus, wie in jungen Jahren. Nur die Hände waren ein wenig schrumpelig vom häufigen Baden. Sie fühlte sich frisch und kräftig, und erinnerte sich nun an frühere Zeiten. Ihr größter Wunsch war damals, eine Klavierspielerin zu werden. Doch zu viel Schweres in ihrem Leben hatte sie bisher je gehindert, sich diesen Wunsch erfüllen zu können. „In der Bade-wanne hat es ja nun ab und an mit der Leichtigkeit geklappt", brab-belte sie vor sich hin. „Das ist doch aber kein Dauerzustand, nachher verschrumpele ich gar noch voll-ständig. Da muss etwas anderes her, damit es nun in meinem Leben leichter wird." Und sie dachte je nach. Sich einfach nur etwas zu wünschen hatte sich als untauglich erwiesen, und so beschloss sie, sich einen Ballon zu bauen. Vielleicht würde es ja in der Luft alles leichter, hoffte sie, arbeitete wie gewohnt fleißig und gründlich, holte sogar Rat bei berühmten Ballonbauern ein, und dann nach wenigen Wochen war es nun vollbracht. Ein wunderschöner Ballon in zauberhaften Farben mit einem großen Korb war es geworden, denn unsere zukünftige Klavierspielerin war sich nicht sicher, wie lange sie unterwegs sein würde, und hatte Mengen an Proviant und ein Kleiderbündel eingepackt. Ein extra leichtes Klavier war auch an Bord, außen hingen die Sandsäcke, der Ballon war gefüllt, die Reise konnte nun losgehen. Doch nichts rührte sich. Sie warf noch einen weiteren Ballast ab. Auch Auch das half nicht. Der Ballon schien am Boden festzukleben. Unruhig wanderte die Großmutter im Korb umher, rerchnete alles noch einmal im Korb nach, aber sie konnte keinen Fehler finden. Im Korb gab es ein Durcheinander. Aus ihrem Proviantpaket waren jetzt kleine Figuren herausgepurzelt, die heftig lamentierten. Eine kleine schwarze war auf ihre Schulter geflogen und flüsterte in ihr linkes Ohr: „Du siehst traurig aus. Deshalb bin ich ganz dicht bei dir. Das wird wohl nichts mit dem Fliegen, oder?" Unserer Großmutter stiegen die Tränen in die Augen, und sie nickt.

Am Boden des Korbes sprang das kleine grüne Männchen herum, das ihr nach dem Sturz vom Kirchturm die Erfüllung weiterer Wünsche angeboten hatte. Wütend brüllte es die Schwarze an: „Du nun schon wieder, mit dem ewigen Geheule. Halt doch endlich mal die Klappe. Hilf lieber, das lahme Ding hier flott zu machen, damit wir endlich aus diesem Kaff herauskommen!" Die Großmutter wollte sich bei der Streiterei die Ohren zuhalten, aber da erklang eine zauberhaft zarte Melodie rechts von ihr. Sie sah nun etwas genauer hin und erblickte ein fröhliches, lilafarben leuchtendes Mädelchen, das umher sprang und sich sichtbar freute. Die Großmutter wunderte in diesem einen Moment.., rein gar nichts mehr und trotz des Kuddelmuddels und des bisherigen Misserfolges war sie froh, wenigstens nicht allein zu sein in ihrem Kummer und mit all der Schwere, die immer stärker wurde. Das fröhliche Mädchen sprang auf ihren Kopf und rief von oben herunter: „Was ist denn hier los? Das ist ja toll, ein herrlicher Ballon, eine freundliche, fleißige Dame sogar mit einem Klavier, und wir drei Freunde zusammen an Bord. Was für ein herrlicher Tag." Das ist die Fee Lajanna", erklärte die kleine Schwarze. „Die freut sich immer, egal was es ist, und kann natürlich zaubern. Ich bin eine Fledermaus, ohne einen Namen allerdings, obwohl ich mir so sehr einen wünsche. Ich kenne mich auch so gut, mit der Dunkelheit aus, und kann dir helfen, wenn es wieder zu düster für dich wird. Der kleine wütende Früne ist der Kobold Mirkaso. Stinksauer allerdings, weil sich niemand mehr von ihm Wünsche erfüllen lassen will. Nun will er es auf Biegen und Brechen ohne Auftrag bei dir versuchen, weil er deinen Wunsch ja schon kennt und hofft, dass du ihn nach Wunscherfüllung seinen jetzigen, total langweiligen Herrn abkaufen wirst. Wir drei arbeiten in sehr schwierigen Fällen immer zusammen. Zu dritt sind wir nun unschlagbar. Deshalb sind wir heimlich zu Dir an Bord gestiegen.' Aha", dachte unsere Ballonbauerin. „Ich bin also ein schwieriger Fall. Aber auf die zwei komischen, Fledermaus und Kobold könnte ich schon verzichten. Die machen den Ballon auch nicht leichter, ich werfe sie einfach über Bord und behalte nur die kleine liafarbene Fee, die kann immerhin zaubern." Plötzlich bemerkte sie, dass ihr Kleiderbündel sich bewegte. Die drei Freunde gingen in Halbachtstellung und auch die Großmutter erschrak, denn die Figuren, die sich da herausschälten, erschienen ihr riesengroß. Ihr wurde kalt und ihr Herz zog sich je zusammen, irgendwie kam sie sich plötzlich viel kleiner vor und musste sich setzen, so zog es sie nach unten. Ein großer, gutaussehender Mann trat auf sie zu und wollte sie umarmen, wie um sie zu trösten. Die nun kleine schwarze Fledermaus flüsterte ihr jedoch nun zu, dass sie vorsichtig sein solle, der Kobold trat dem Mann vor das Schienbein, und die Fee streichelte der Großmutter die Wange. „Was tut ihr da, ihr hässlichen Zwerge?", sprach der Mann. „Seht ihr nicht, wie schön, klug und gut ich bin? Ich will sie doch nur trösten, weil sie wieder einmal nicht geschafft hat, was sie tun wollte. Sie ist einfach ein faules Stück. Deshalb bin ich jetzt da. Ich werde sie antreiben, das braucht die." Da sprang die Fee auf den Rand des Korbes und rief: „Wer bist du eigentlich? Siehst du denn nicht, wie wunderschön sie diesen Ballon gebaut hat? Ganz allein hat sie es auch geschafft, du dagegen hast gar nichts getan außer dich an Bord zu schleichen, auf ihre Kosten mitzufliegen und sie dann schlecht zu machen. Ich kenne dich. Du bist die Boshaftigkeit. Hau einfach ab." Der Mann jedoch sprach: „Das muss sie mir schon selbst sagen. Ohne mich ist sie eh nichts wert. Liegt nur faul herum. Du siehst doch, wie klein und schwach sie ist." Nun aber sprang der Kobold auf, packte die ängstliche Großmutter bei der Hand und rief: „Es ist Zeit. Steh auf, wir packen den Kerl und werfen ihn einfach über Bord. Alle zusammen schaffen wir das bestimmt." Wie durch ein Wunder gewannen sie alle an Größe und Stärke und schubsten und zerrten den Boshaften aus dem Korb hinaus. Der Ballon erhob sich ein wenig, mindestens jedoch so hoch, dass der Mann nicht mehr

zurückklettern konnte. Die Groß-
mutter schaute ihm hinterher und
wischte sich den Schweiß von der
Stirn. Anstrengend war es schon
gewesen, doch sie fühlte sich ein
wenig leichter. Da berührte sie
etwas von hinten. Sie drehte sich
um und sah eine kräftige, schwarze
Figur. Wie eine große Hexe sah sie
aus, und ihre Stimme war hässlich
kalt. „Na, das war ja klar", sprach
diese zu ihr. „Ich wusste es immer.
Du bist eh zu nichts nütze. Ein
Glück, dass wir dich früh genug
aus dem Nest gestoßen haben. Und
nun dachtest du, du könntest uns
entkommen? Mit einem lächer-
lichen Ballon, der nicht richtig
fliegen kann? Niemals schaffst du
das. Wir sind alle schwer genug,
dich am Boden zu halten. Du wirst

uns nicht los." Sie lachte hämisch, trat ein kleines graues Männchen, das auf dem Boden kauerte, um Zustimmung heischend mit der Fußspitze, und drückte nun unser Mütterlein auf den Boden des Ballons. Das kleine Männchen nickte und sah starr vor sich hin. Es war ein Schöngeist, und so immer nur mit sich und seiner Welt beschäftigt. Die Großmutter jedoch wurde immer kleiner, und der Ballon senkte sich wieder zur Erde hinab. Da wurde es den kleinen Freunden zu bunt, sie stürzten sich auf die düstere Gestalt. Die Fee hatte ein Seil gefunden und fesselte sie, die Fledermaus krallte sich in den Haaren der scwarzen Unholdin fest und zerrte sie vom Boden des Korbes immer weiter in die Höhe.Der Kobold verpasste ihr einen Tritt, so das sie wie ein Stein auf die Wiese fiel, von der aus der Ballon gestartet war. Dieser stieg plötzlich in die Luft. Das kleine graue Männchen warfen nun die mutigen Ballonfahrer schnell noch hinterher. Es hatte eh nichts von all dem mitbekommen, weil es sich für nichts anderes, als für sich selbst interessierte. Die Groß-mutter aber hatte ihre Größe wiedergefunden und schaute den verschwundenen drei Gestalten hinterher. Die kleinen Helfer hopsten allesamt stolz im Korb umher, selbst die Fledermaus lächelte leise, und die Fee kriegte sich nicht mehr ein vor Freude. Und ich wollte die Kleine aus dem Korb schmeißen..., dachte dann die

Klavierspielerin. Sie genossen alle bei strahlendem Sonnenschein, je einen herrlichen Flug, begleitet von etwas zaghafter Klaviermusik. Und ich wollte die Kleine unbedingt aus dem Korb schmeißen, dachte die Klavierspielerin nun wieder. Eine kleine schwarze, traurige Fledermaus ohne Namen, ein wütender grüner Kobold Namens Mirkasso und die immer fröhliche lilafarbene Fee Lajanna hatten ihr zu mehr Leichtigkeit verholfen und das Schwere über Bord geworfen. Wie, als könne sie Gedanken lesen rief Lajanna: „Na, du warst doch auch dabei. Ohne dich hättem wir es nicht geschafft. Boshaftigkeit, Kälte und Gleichgültigkeit sin schwer loszuwerden. Die brauchen dich nämlich, um existieren zu können. Ich hoffe, sie sind aud deinem Leben langsam verschwunden. Wenn du möchtest, bleiben wir auch noch eine Weile bei dir. Vorsichtshalber sozusagen.' Da freute sich die Großmutter sehr und nickte voller Begeisterung, denn irgendwie waren die Kleinen ihr schon ans Herz gewachsen. Mit ihnen war das Schwere wie weggeblasen. Zwei Dinge jedoch hatte sie nicht vergessen. Erstens versprach sie dem Kobold Mirkasso, dass sie ihn seinem Besitzer abkaufen würde. Der kleine Grüne sprang ihr um den Hals und biss sie vor Freude ins Ohr. Als Zweites hatte sie sich einen Namen für die Fledermaus ausgedacht. „Wie wäre es, wenn du Lilli heißen würdest?, fragte sie die Kleine, die daraufhin ihrerseits in Tränen ausbrach. So lange hatte sie sich nach einem Namen gesehnt. Nun hatte sie einen wunderschönen geschenkt bekommen. „Das sind jetzt aber die letzten Tränen!", rief die Fee Lajanna fröhlich. „Lasst uns lieber Namenstag feiern, so richtig mit Tarassabumm und so." Das taten sie dann auch, laut und mit vielen schiefen Tönen. Es war herrlich. Am Ende des Tages stand die nun frischgebackene Klavierspielerin im Korb des Ballons, sah über das Land und dachte nichts. Sie genoss die Leichtigkeit und flog mit neuen Begleitern und ihrem kleinen Klavier selig weiter, lächelnd, und ein wenig ängstlich, ein wenig traurig, aber im Grunde frohgemut. Irgendwann würden sie dann landen, das jedoch wird der Begin eines neuen Märchen sein. Ganz fern höre ich gerade die Fee Lajanna säuseln, dass sie heimlich ab und an ein wenig lila Feenstaub über das Ganze gestreut hat. Und denn, das darf sie wohl. Sie ist ja schließlich eine Fee

ENDE

EIN MÄRCHEN FÜR ALLE DIE ES LIEBEN

Er lag auf dem Rücken, hatte den Kopf zur Seite gedreht und blickte durch das große Schlafzimmerfenster in einen Himmel, an dem nun die ersten Sterne zu glitzern begannen. Die junge Frau hatte sich in seinen Arm gekuschelt, ihr Haar kitzelte seine Wange und sie atmete ruhig und gleichmäßig. Er fühlte ihre Wärme und noch etwas, für das er keinen Namen hatte. Es füllte das Schlafzimmer mit einem Nebel aus Gefühlen und Gerüchen, der Moschusduft ihrer Haut war darunter ebenso wie seine Hoffnung, dass sie nie mehr fortgehen möge. Es waren die Hormone, die noch in seinem Blut unterwegs waren und ihn Dinge sehen und fühlen ließen, nur weil er sie sich wüschte. Niemand kann in die Zukunft schauen, nicht einmal, wenn er wissen möchte, ob nun seine heutigen Wünsche morgen noch immer da sind. Er drehte seinen Kopf vorsichtig zur Seite und genoss den Ausblick durch das bis zum Fußboden reichende Fenster auf den See unter ihnen. Das Wasser reflektierte den Lichterschein der nächtlichen Berliner Innenstadt und malte lustige Kringel aus Licht und Schatten an die Wände des Schlafzimmers. Du wohnst schön hier", flüsterte er. Mit einem leisen katzengleichen Schnurren richtete sie sich auf, öffnete im Sitzen ihren Strumpfhalter und zog ihre Strümpfe aus. Dann kuschelte sie sich wieder an ihn. Sie atmete noch immer heftig und der Schweiß auf ihrer Haut tat so glänzen, als wäre sie aus Silber. „Du bist eine der wenigen Frauen, die ich kenne, die keine Strümpfe brauchen murmelte er. Sie lachte leise. „Dankeschön. Der Hormonerguss macht dich wohl mutig? Aber keine Frau der Welt braucht heute noch Strümpfe. Männer brauchen sie. Ich wollte dir eine Freude machen." „Ich habe doch nie..." Ihre duftende Hand auf seinem Mund stoppte ihn. „Du redest nicht viel. Das macht es leicht, dir genau zuzuhören. In manchen deiner Ansichten bist du ein Dinosaurier." Sie lachte leise. Aber ich mag das an dir. Und noch einiges mehr. Zum Beispiel, dass du nicht so viel fragst, obwohl du nun grund dafür hättest." Natürlich hatte er die , sogar jede Menge.

Zum Beispiel, warum sie ihn nicht hatte das machen lassen, was ein Mann dann mit einer Frau in einer solchen Situation gewöhnlich tut. Doch es gibt eine Zeit zum Fragen, und dieser Moment war es ganz gewiss nicht. Und mit Bedacht antwortete er: „Was ich über deine Vergangenheit weiß, habe ich von anderen und von dem, was ich gesehen habe. Ich habe viel zu lange nach hinten geschaut in meinem Leben und es war ein Fehler. Ich will ihn mit dir nicht wiederholen." Sie richtete sich ein wenig auf, blickte ihn prüfend an und küsste ihn mit geöffneten Augen. Ein Lichtschein huschte durch das Zimmer, vielleicht die Spieglung eines Autoscheinwerfers auf der anderen Seite des Sees, und zwischen ihren nackten Brüsten reflektierte das Licht. „Das ist ein Stern." „Ich habe doch nichts gefragt." Das Blut tobte noch immer durch seine Adern und machte seine Stimme rau. „Doch hast du. Ich kann dich hören, auch wenn du nichts sagst. Schon vergessen?" Also gibt es doch die sprechende Stille?" Sie gab ihm einen langen Kuss. „Zwischen uns? Vielleicht!" Dann lachte sie leise. „Ja, ich erzähle dir eine Geschichte, du neugieriger Teddybär. Es ist eine uralte Legende." Er schloss die Augen und lauschte ihrer Stimme. Die Welt war so unglaublich weit entfernt.... „Ich stamme aus dem Volk der Yupik, das vor langer Zeit am Kap Deschjow siedelte. Es sind so, Verwandte der Eskimos und bei ihnen gibt es nun sehr viele schöne Geschichten der von Sternen und Herzen spielt sogar einer meiner Vorfahren eine Rolle. Er hieß Takai, war ein junger Jäger und als er eines Tages auszog, um Wild zu erbeuten, traf er in den tief verschneiten Wäldern ein wunderschönes junges Mädchen mit schwarzen langen Haaren, das sich verirrt hatte. Obwohl es bitter kalt war, trug sie nur ein dünnes Kleid und lief barfuß durch den Schnee. Sein Herz entbrannte in tiefer Liebe zu ihr und er nahm sie mit sich. Als er mit Ala in der Nacht in sein Dorf zurückkehrte, erleuchtete ein mächtiges Feuer den Himmel über ihnen,wie es auch die ältesten Dorfbewohner noch nie gesehen hatten."„Es wird nun ein Polarlicht gewesen sein, brummte er. „Psst! Es ist doch eine Legende und da gibt es auch keine Sonnenstürme, sondern nur Sternenfeuer. Es ist hart dort in der Kälte der Polarregion und die Menschen lebten nur von dem, was die Natur ihnen gab. Mein Urgroßvater Takai liebte meine Großmutter über alles, und jedes Mal, wenn er zum Fischen aufs Meer hinausfuhr, dachte er nur an die Heimkehr zu seiner geliebten Frau. Dann kam ein böser Winter, in dem das Volk der Yupik großen Hunger litt. Die Natur war knauserig gewesen mit den Gaben und darunter litten nicht nur die Menschen, sondern auch die Tiere. In der Nacht, in der meine Urgroßmutter Maja geboren wurde, brannte wieder der Himmel über Kap Deschnjow mit der nun gleichen Heftigkeit wie an dem Tag, als Takai Ala im Wald gefunden hatte. Die Ältesten traten zusammen und beratschlagten. Am nächsten Morgen verboten sie allen, auf das Meer zum Fischfang hinaus zu fahren. Sie sagten, ein Stern sei vom Himmel auf die Erde gefallen und hätte böse Geister ausgespien, die den Geist der Menschen und der Tiere verwirrten. Meine Urgroßeltern hatten schon vor der Geburt Majas auch hungern müssen und das Verbot traf sie hart, aber Takai hielt sich an den Befehl der Ältesten. Zwei Tage später war Ala, die schon bei der Geburt ihrer Tochter nur knapp dem Tode entronnen war, so geschwächt,das keine Milch mehr für

Maja hatte. Takai war verzweifelt und beschloss, auf Fischfang zu gehen, obwohl er wusste, dass er dafür aus dem Dorf verjagt werden konnte. Er küsste seine Frau zum Abschied und ging über das Eis auf das Meer hinaus, um in einem Eisloch Fische zu fangen. Viele Stunden musste er laufen, bis er eine offene Stelle fand und es wurde später Abend, bis er mit seinem Fang heimkehrte.Die Ältesten warteten bereits auf ihn, aber nicht um ihn zu bestrafen, weil er das Verbot übertreten hatte, sondern um ihn zu trösten. Ala hatte durch die Geburt ihrer Tochter und den folgenden Hunger zu viel Kraft verloren und war gestorben. Takai wollte ohne seine Frau nicht leben, und da er ja seine Tochter Maja bei seinem Volk in Sicherheit wusste, wanderte er dann wieder auf das gefrorene Meer hinaus. Stunde um Stunde, bis ihn seine Füße nicht mehr tragen wollten. Als er eine Höhle fand, die auftragende Eisschollen gebildet hatten, setzte er sich nieder, um dort zu sterben. In den nächsten Stunden fraß sich die Kälte in seinen Körper, er hörte Ala nach ihm rufen, so deutlich, als stünde sie neben ihm und da wusste er, dass er bereits Fieber hatte und den nächsten Morgen nicht mehr erleben würde. Er schloss die Augen und wollte sie nie mehr öffnen. Plötzlich knirschten Schritte im Schnee, dann umschlangen ihn nackte Arme und ein warmer Körper drängte sich an ihn. Takai riss die Augen auf, doch die Dunkelheit in der Höhle war so tief, dass er jedoch nichts erkennen konnte. Alas Stimme erklang an seinem Ohr: „Warum bist du hier?" Ich will ohne dich nicht leben", antwortete er und spürte, wie sie missbilligend den Kopf schüttelte. Dein Leben gehört nicht dir. Es gehört unserer Tochter, und wenn du es wegwirfst, habe ich den falschen Mann geliebt." „Aber ohne dich ist die Welt so dunkel", antwortete er. „Dann mache ich sie dir wieder hell, sagte Ala und er hörte ein Lächeln in ihrer Stimme. Gleich darauf fühlte er, wie sie ihm etwas um den Hals legte. Sie sagte: Es ist ein Stern zu deinem Herzen, es wird dir dein Leben erhellen, und wenn du dereinst gehen musst, wird sie nun unsere Tochter tragen, und nach ihr ihre Tochter. Sie alle werden den Menschen wiedersehen, den sie lieben, wenn sie einmal von ihm getrennt werden. Genau, wie du mir wiederbegegnen wirst." Dann umarmte sie meinen Urgroßvater noch einmal fest und ging wieder hinaus ins silberne Mondlicht. Barfuß,nur mit ihrem dünnen Robbenfeelkleid, hinein in die tödliche Kälte und verschwand, als wäre sie nie da gewesen. Mein Urgroßvater schlief ein, und als er dann am nächsten Morgen aus seinem Fiebertraum erwachte, ging er nach Hause und wurde seiner Tochter ein guter Vater." Er brummte: „Er hätte entweder erfroren oder total entkräftet sein müssen." Sie legte ihm ihre duftende Hand auf den Mund.

Psst. Es ist doch nur eine Legende, du unromantischer Bär. Takai aber wurde ein guter Vater und irgendwann Ältester. Aber einmal in jedem Jahr, an dem gleichen Tag, an dem Ala gestorben war, wanderte er aufs Meer hinaus, und wenn er am nächsten Morgen zurückkehrte,strahlten seine Augen vor Glück. Er wurde irgendwann zu alt, um noch aufs Meer hinauszugehen und wollte die Kette Maja schenken, aber sie besaß keinen Verschluss. Nichts und niemand konnte sie von seinem Hals lösen und es war, als sei sie mit ihm verwachsen. Erst als er starb, öffnete sie sich von selbst und Maja konnte sie anlegen. Und nach ihr meine Großmutter und meine Mutter." „Komische Legende.

Irgendwie gibt es doch bei sowas immer eine Lehre, die man daraus ziehen kann." „Vielleicht erkennst du sie nur nicht?" „Hm, vielleicht.' Aus seiner Ermattung war Müdigkeit geworden, aber seine Neugier meldete sich. „Kann ich sie mal sehen?" „Natürlich, wenn du sie öffnen kannst?" „Warum ziehst du sie je nicht einfach über deinen Kopf?" „Das geht doch nicht, dafür ist sie zu eng. Öffne sie." Er tastete nach dem Lichtschalter. Sie hatte sich ein wenig aufgerichtet und er betrachtete die Kette aufmerksam. Ein kleiner, vielleicht daumennagelgroßer, weißer Stein bildete den Anhänger und in ihm pulsierte gleichmäßig ein weißes helles Licht. Je länger er nun hinschaute, umso beruhigender wirkte es, fand er. Fasst, als passe sein Herzschlag sich der Frequenz des Leuchtens an. Er besah sich die Kette. Jedes Glied war ein filigran gearbeiteter, winziger Drache, der sich in seinen Schwanz verbissen hatte. Sie sah alt aus und doch gleichzeitig, als wäre sie gestern erst gekauft worden. „Sie sieht aus wie Silber, aber ich habe noch nie Glieder mit so einer seltsamen Form gesehen." Er suchte an ihrem zarten Hals nach einem Verschluss in der Kette, aber er fand ihn nicht. Glied für Glied bildete eine makellose Reihe ohne einer Erhebung oder Unterbrechung. Stirnrunzelnd blickte er sie an. „Wo ist der Trick? In ihren Augen irrlichterte etwas, das da nicht hingehörte. „Es ist kein Trick."

ALLEIN MIT DER EINSAMKEIT

131

Sehnsüchtig sieht er nun aus dem Fenster. Zum Mond hinauf, der die Nacht in düsteres Licht taucht. Wie gerne würde er jetzt draußen sein und darin wandeln. Im kalten Schein baden, unter den Füßen nur je das kühle Gras. Doch er kann nicht. Der Blick verlässt den Himmel, gleitet in die Tiefe, sucht den Garten, den er so sehnlich vermisst. Der Boden ist nah. Nur ein Stockwerk entfernt liegt nun die ersehnte Freiheit und ist unerreichbar fern. Mit leisen Seufzen lehnt Hardy den Kopf an die Eisenstangen. Sie sind es, die ihn von der Außenwelt trennen. Die nur einen Ausschnitt von dem zeigen, was er ersehend. Gerade hat er gegessen und sitzt, wie jeden Abend hier. Sehnt sich nach der Welt, die er nie mehr betreten darf. Die Familie wird ihn nie wieder aus diesen Räumen lassen, das ist ihm auch bewusst. Erinnerungen steigen hoch. Erinnerungen an Tage im Garten unter einem strahlenden Himmel. Tage voller Fröhlichkeit, Geborgenheit und Freiheit. Doch liegen sie schon lange zurück. So lange, dass selbst die Erinnerung an sie verblasst. Nun sind ihm nur zwei Zimmer und die Männer, die ihm Essen je bringen, geblieben. Männer, die nie ein Wort zu ihm sagen und seine Worte ignorieren. Schweigen ist ein stiller Begleiter geworden. Bis sie kam. Suchend lässt er den Blick über die Erde schweifen.Zwar stehen ihm Bücher und Schriften zur Verfügung, die ihm nun Gesellschaft leisten sollen aber die, teilweise von ihm eignes verfasste Schriften können die Gesellschaft eines Menschen nicht ersetzen. Selbst wenn sie durch die Gitter getrennt ist und keine wirkliche Nähe ist. Selbst wenn sie am Boden steht, während er hier oben sitzt. So ist sie jedoch mehr, als er seit Ewigen gehofft hat. Sie,Janine, ist seine Sonne, im dunkel seiner Nächte. Einige Zeit lang besucht sie ihn mittlerweile schon und sie ist es, auf die er jetzt wartet. Ein Huschen erregt seine Aufmerksamkeit. Janine. Sie muss es sein. Aufgeregt lässt das träge Herz gegen die Brust schlagen. Ruhig liegt das Haus da, denn die Familie ist um diese Nachtzeit in ihren Betten. Kein Laut ist je zu hören, außer jenes, dass nur Sie sein kann.

Ein Suchen in den Büschen.Ängstlich lauscht er jedoch, auf andere Geräusche, doch das Haus bleibt still. Dann, als er sich sicher ist, grreift Hardy zu der Lampe und blinkt zwei Mal mit dem Licht. Mit stockendem Atem wartet er, ob es nicht ein fehler war. Wartet, bis sie aus den Büschen tritt. Erst als er ihren Schatten erkennt, ist es ihm möglich, wieder zu atmen. Sie ist es. Fröhlich, wie sie ist, winkt sie zu ihm hinauf. Doch sie blickt sich um und verschwindet wieder in die Büsche. Sein Herz stockt und will im nächsten Moment zerspringen. Entsetzt springt er auf, umschlingt die Gitterstäbe mit einer Hand und streckt ihr die andere entgegen. Noch einmal lauscht er in das Haus, in die Nacht und kann jedoch nichts Falsches hören. „Nein, bitte geh nicht", will er zu ihr schreien, doch die Gefahr ist zu groß gehört zu werden. So haucht er es nur in die Stille: „Wir sind alleine. Verlass mich nicht", fleht er sie, nur für ihn hörbar, an. Einsamkeit umklammert sein Herz, zwingt es zur Regungslosigkeit, und breitet Kälte in ihn aus. Enttäuschung liegt drückend auf ihn, macht die Arme, Schultern schwer und drückt ihn nieder. Wie konnte sie ihn nur verlassen? Weiß sie nicht, wie viel sie ihm bedeutet? Wie viel ihm die gemeinsame Zeit bedeutet, so kurz sie auch ist? Trauer lässt ihn nun seinen Blick senken, als eine erneute Bewegung neue Hoffnung in ihm je weckt.Sie kommt zurück.Sie hat ihn gar nicht verlassen. Doch schon im nächsten Augenblick wird seine Aufmerksamkeit von ihrer Gestalt abgelenkt. Wird gefangen genommen von etwas, das Janine bei sich hat. Schwer atmend und mit großem Rumoren zerrt sie es hinter sich her. Verwirrt beobachtet er sie, unfähig zu erkennen, zu erahnen, was hier vor sich geht. Erst das Mondlicht, nah am Hause, offenbart ihm, was sie macht. Eine Leiter ist es, die sie über den Rasen, über den Weg und an das Haus zerrt. Angespannt lauscht Hardy. Versucht zu hören, ob jemand aufgewacht ist. Doch Janine ist zu laut, zu ungetüm, um nun etwas anderes wahrnehmen zu können. Verängstigt, der große Lärm würde die Männer alamieren, will er zur Tür hetzen.

137

Doch wollen seine Finger ihm je nicht gehorchen. Mit ganzer Kraft klammerten sie sich an die Stäbe fest.So bleibt ihm nur, zu beobachten und hoffen. Beobachten wie sie die Leiter hebt und je ungeschickt gegen die Mauer fallen lässt und zu hoffen, das die Bewohner tief schlafen. Klar hallt der Ton, von Metall auf Stein, über den Garten hinweg. Wird nicht vom Wald verschlungen, sondern jedoch zurückgeworfen. Voller Angst verharren Beide, lauschen auf Geräusche, die verraten, was geschehen wird. Doch, als der Klang verhallt ist und nur noch in seinen Ohren existiert,bleibt jedoch alles still. Janine beginnt die die Leiter zu erklimmen, als Hardy nun noch ängstlich lauscht.Beschwingt, je so angefüllt von Tatendrang, ganz ihrem Wesen gleich, steigt sie zu ihm, bis ihr Kopf auf seiner Höhe ist. Das erste Mal seit langem ist er jemandem so nah. Sein Herz stockt jedoch, und scheint dann Purzelbäume zu schlagen. Fasziniert, betrachten sie sich für einen Augenblick. „Hallo du", haucht sie ihm entgegen. Ein strahlendes Lächeln erscheint auf ihrem Gesicht und für Hardy geht die Sonne auf. Nicht die Sonne, die ihm vor so langer Zeit genommen wurde, aber keinesfalls minder schön oder warm scheint sie ihm hier und jetzt. Nur zögernd schafft er es den Gruß zu erwidern. „Hallo Janine." Vorsichtig, um den Traum nicht zu zerstören, streckt er die rechte Hand aus. Kurz bevor er die Abperrung je durchbricht, stockt er jedoch. Sein Blick sucht den ihren und taucht ein in Freundlichkeit und Wärme. Bestärkt davon, wagt er es, durch den Spalt nach ihr zu greifen. Als er ihre Wange berührt, er seit ewiger Zeit wieder die angenehme Wärme eines Körpers spürt, beginnt seine Hand zu kribbeln. Sanft schmiegt Janine sich in seine Hand, lässt sich scheinbar von ihm tragen. Ein sanfter Hauch nur zeigt seine nachlassende Anspannung an. Doch muss er sich nicht daran erinnern, dass sie in Gefahr sind. Viel so oft schon wurde er andauernt kontrolliert. Viel zu oft aus seiner Lethargie gerissen, als die Tür aufgestoßen wurde und sie nach ihm geschaut haben. Auch sie weiß es, er hat es ihr selbst erzählt. Mehr als einmal musste sie sich, je

140

auf sein Warnen hin, schnell in die Büsche verstecken. Heute wird ihnen keine Warnung helfen. Dennoch, als hätte die eine Berührung etwas in Gang gesetzt, breitet sich warmes Kribbeln über seinen Arm aus. Wandert ganz langsam, so als wollte es den Weg genießen – oder Dämme einreißen – in Richtung Kopf. „Du bist leichtsinnig", tadelt er sie voller Sehnsucht. „Es ist gefährlich. Wenn sie kommen, wo willst du dann Schutz finden?" Seufzend, ohne den Blick zu unterbrechen, lässt sie ihren Kopf gegen die Stange sinken. „Ich wollte dich endlich näher sehen. So oft bin ich her gekommen und nie konnte ich dich wirklich sehen. Konnte dich nie berühren. Heute wollte ich bei dir sein", gesteht sie ihm. „Sieh,ich

hab dir auch etwas mitgebracht."
Verwirrt blickt er das Ding an, dass
Janine aus ihrem Rucksack geholt
hat. „Was ist das?" Ihr Lächeln
schwankt und je etwas Trauriges
huscht über ihr schönes Gesicht,
als sie ihn beobachtet. „Das ist
eine Säge", erklärt sie ihm. Du
kannst damit die Stäbe lösen." Als
er sie weiterhin verwirrt ansieht,
versucht sie, ihm zu erklären: „Es
wird Zeit dauern, aber wenn du
zwei lösen kannst, dann bist du
frei. Dann kannst du so leben, wie
du willst. Du kannst die Sonne
wieder sehen, zur Schule gehen
oder all die Orte sehen, die du
gerne besuchen willst." Erzählt sie
ihm begeistert von der eigenen
Vorstellung. Angesteckt von ihr,
greift Hardy je nach der Säge, und

dreht sie in seiner Hand und weiß nichts damit anzufangen. Aufgeregt nimmt sie ihm jedoch die Säge wieder ab und hält sie an eines der Eisenstäbe. „Hier, siehst du", vorsichtig macht sie einen Schnitt, um ihm zu zeigen, wie es geht. „Wenn du jede Nacht etwas sägst, bemerkt es jemand dann erst, wenn du nun, schon lange nicht mehr hier bist. Verstehst du das?" Neugierig nun, betastet Hardy die Wunde an seinem Gefängnis und das eigenartige Werkzeug. Denkt über ihre Worte nach und die Möglichkeiten, die sich ihm dadurch eröffnen würden. „Aber, sie werden nach mir suchen", ist er sich sicher. „Sie werden mich nicht entkommen lassen." Traurig lässt er ab und blickt wieder zu ihr hoch. „Hardy",

143

seufzt sie nun ebenso traurig. Sie werden nichts machen können. Keiner weiß, dass es dich gibt. Sie haben es immer bestritten. Sie können nicht zur Polizei gehen." Erinnert sie ihn. „Ich gebe dir Geld, damit wirst du mit dem nächsten Zug wegfahren. Sie werden dich nicht finden, vertrau mir." Wie gerne würde er das – aber die letzten Zweifel, die letzten Ängste kann sie nicht verjagen. Vorsichtig ergreift sie seine Hand, gleitet sanft darüber, während ihr Blick sie fixiert. Ihr Lächeln, dass er erntet, scheint dem Kribbeln an Stärke zu verleihen, es schneller voranzutreiben. Beginnt seinen Körper von unten aufzufüllen und ihn dann wohlig erschaudern zu lassen. „Das ist gut,du wirst sehen, es wird funktionieren", versichert sie ihm. Ihre Hand gleitet, sicherer als seine, durch die Stäbe und streift sachte seine Wange. Sehnsüchtig lässt er sich dann dagegen sinken.Will in ihre Wärme sinken, ganz von ihr umschlossen werden. Aber da wandert seine Hand weiter streicht durch seine Haare, bis sie am Hinterkopf angekommen ist. Der Duft, der ihn umspielt, lässt ihn noch tiefer in die Berührung sinken. Lässt ihn noch mehr in die Entspannung, in das Wohlgefühl gleiten. Widerstandslos wird er von ihr nach vorne gezogen. Zu ihrem strahlenden Lächeln, zu ihrem zarten Duft. Als seine Stirn die Gitter berühren, legen sich ihre Lippen sanft auf seine und lassen seinen Atem stocken. Nur für einen

Augenblick. Das Kribbeln, dass schon fast sein Herz, seinen Verstand erreicht hat, explodiert in seinem Körper und lässt ihn nun handeln, bevor er denken kann. Erst sein eigener Schrei, bringt ihn wieder die Kontrolle über sich. Doch es ist zu spät. Entsetzt kann er nur mit ansehen, wie Janine zu Boden fällt. Sie zieht einen roten Faden hinter sich her, der aus zwei kleinen Wunden an ihrem Hals entspringt ihre Augen, vor kurzem so froh und voller Kraft, blicken nun glanzlos und fragend zu ihm hinauf. Lichter gehen an und Lärm dröhnt durch das Haus. Hardy aber hat nur Augen für Janine, die wie in Zeitlupe noch immer fällt und alles kommt zurück...Seine Mutter, die für ihn gesorgt hatte, sich je um ihn gekümmert hat. Mit ihr war er draußen in dem schönen Garten, unter der strahlenden Sonne. Mit ihr war er frei. Als die Zeit kam, da er ihrer Kontrolle entwachsen war, als er sich dann selbst gegen sie wendete, schloss sein Vater ihn hier ein. Nicht einmal zu ihrer Beerdigung ließen sie ihn. Auch nicht zu Vaters, viele Jahre später wurde er gelassen. Nun ist es wieder geschehen. Hier, in seiner Gefangenschaft. Er hat je den einzigen Menschen getötet, der zu ihm stand. Der einzige Mensch, der ihm Nähe und Zuneigung entgegenbrachte. Die Tür hinter ihm wird aufgerissen, Männer stürmen in sein Zimmer und greifen grob nach ihm. Sie zerren ihn mit sich, in sein Schlafzimmer.

147

Widerstandslos – in seiner Trauer, seinem Schock gefangen – lässt sich Hardy in den kleinen Raum stürzen, der seinen Schlaf vor der Sonne bewacht. Als die Tür zu dem fensterlosen Raum geschlossen wird, weiß er, dass sie erst wieder geöffnet wird, wenn sie Essen bringen. Er weiß, dass die Männer, die männlichen Nachfahren seiner Geschwister, ihn erst wieder rauslassen werden, wenn sie es für richtig halten. So, wie sie es schon immer seit Generationen machen. Doch es ist ihm egal. Das Einzige, was ihn beschäftigt ist seine Tat. Den entsetzten Blick in die Dunkelheit gerichtet, gleitet er die Wand hinunter. Mit jedem Schlag seines, von Janines Blut genährtem Herzen, driftet er mehr in die Verzweiflung. Lässt sich von ihr umarmen und trösten. Das einzige, was ihm nun noch bleibt, sind seine Bücher und Schriften.

Janine

ENDE

EIN ENGEL
AN
SEINER SEITE

Herr Miesemann sitzt unrasiert in seiner Küche und schmollt, als sein Engel vorbei kommt. Er wirft nur einen Blick in Herrn Miesemanns Gesicht und nimmt sich einen Kaffee. Das kann länger dauern. Herr Miesemann schaut ihm stumm zu, und als sein Engel sitzt, legt er los. „So. Also Ostern also. Auferstehung. Soll ich dir mal sagen, was bei mir aufersteht? Gar nichts! Weisst du, wie lange ich niemanden gesehen habe? Wie du siehst, fange ich schon an, mit mir selbst zu sprechen! Wo bleiben da Glaube, Hoffnung, Liebe? Nicht mal die Kirchen sind offen! Ich sitze hier in diesem Loch und kann nicht raus! Jaja, schon gut, raus kann ich ja, aber wozu? Um dreimal, um den Block zu latschen?

Da kann ich ja auch gleich drinnen bleiben! Meine Lieblingskneipe hat auch zu. Du kannst dir nicht vorstellen, wie deprimierend es ist, da vorbeizugehen. Ach. Du kannst es? Trinkt ihr Engel auch was Stärkeres als Wasser? Ach." Herr Miesemann guckt überrascht. Sein Engel steht auf, öffnet ein Fenster und setzt sich wieder. Herr Miesemann kraust die Nase. Es ist still. Man hört die Vögel singen. „Ihr habt bestimmt gut zu tun dieser Tage,was?" Sein Engel nickt. „Hm, Willst du Milch in den Kaffee?" Ohne zu warten steht Herr Miesemann auf und geht langsam zum Kühlschrank. „Ich hab auch noch Salami da." Er nimmt Milch und Salami, trägt sie zum Küchentisch, holt dann ein Messer und ein Brett, und schneidet dicke Scheiben von der Wurst ab. „Ich hab die Jungs seit Tagen nicht gesehen, und weisst du was? Ich hätte gar nicht gedacht, wie sehr sie mir fehlen. Was die jetzt wohl tun? Die sind doch auch alle allein." Sein Engel steht auf und verschwindet kurz im Flur. Als er zurückkommt, hat er ein Blatt Papier in der Hand. Er legt es auf den Tisch. „Was ist das? Ach. Unsere Telefonliste. Aber die ist nur für Notfälle!" Herr Miesemann hört auf, Salami zu schneiden. „Oh." Er schaut nachdenklich auf das Messer. „Das IST ein Notfall, oder?" Sein Engel sieht ihn an und nimmt einen Schluck Kaffee mit Milch. Durch das geöffnete Fenster hört man weit entfernt je die Kirchenglocken läuten. „Naja, ich könnte ja mal Dietmar anrufen. Der weiß doch immer alles." Herr Miesemann isst noch eine Scheibe Salami und wirft einen kritischen Blick auf seine Fingernägel. „Aber vorher muss ich je noch einmal duschen... du, ich muss dringend ein paar Dinge erledigen. Nimm dir ruhig noch einen Kaffee, und die Salami ist wirklich gut, probier ruhig mal!" Herr Miesmann guckt seinen Engel aufmunternd an, steht auf und verschwindet im Bad. Sein Engel lächelt. Auferstehungen sind doch immer wieder wunderbar. Im Gehen pustet er noch ein wenig Staub vom Fenster, damit nun die Sonne herein kann. Dann ist er verschwunden.

ENDE

ZWEI
LIEBENDE
SCHWÄNE

155

Vor langer Zeit lebte in Deutschland Prinz Michael, einziger Sohn und Tronfolger des Wittelsbacher Herzog Albert. Einst nahm der Herzogssohn an einem Faschings – Tunier teil und stärkte sich in einer Badestube. Dort lernte er die schöne Badertochter Ina kennen und verliebte sich in sie. Im Mittelalter galt der Baderstand jedoch als unehrenhaft. Deswegen heiratete Michael seine Geliebte heimlich. Auf einer umflossenen Insel baute Prinz Michael für seine Gemahlin ein Schloss. Das Schloss diente als Liebesnest der beiden heimlich Vermählten. Ina und Michael lebten nun auf der Burg glücklich zusammen. Doch durch diese nicht standesgemäßige Verbindung geriet Michael in einem regelrechten

Konflikt mit seinem Vater Albert. Da Michael sich nicht von der Bernauerin trennen wollte, sah der Herzog keine andere Möglichkeit, als sie unter dem Vorwurf der Liebeszauberei anklagen und sie zum Tode verurteilen zu lassen. Während Michael zur Jagd in Landhut weilte, wurde Ina Bernauer von der Brücke in die Donau gestoßen. Und danach geschah das eigentliche Wunder. Einer nach dem anderen verwandelten Ina und Michael sich in Schwäne. Und sie leben noch heute in den Weihern und Seen nahe dem Schloss in Glück und Frieden.

ENDE

GROßVATERS ERBE

An diesem Nachmittag war Kaili mit dem Anwalt seines Großvaters verabredet, der ihm das Testament eröffnen wollte. Der Anwalt des Großvaters war eigentlich nicht sein Anwalt. Das heißt, ein Anwalt war er schon. Allerdings hatte der Großvater ihn niemals engagiert und auch nie wirklich bezahlt. Der Großvater hatte das unnachahmliches Talent besessen, dass alle Menschen ihn so sehr mochten, dass sie nur selten daran dachten, ihm eine Rechnung zu stellen. Das bedeutet aber je nicht, dass der Anwalt nicht für seine Leistungen entlohnt worden wäre. Im Gegenteil: Der gute Mann hatte zwei Kinder und fünf Enkel und wenn er ihre Gesichter betrachtete, nachdem sie je, den alten Mann besucht

Hatten, dann hatte er eher das Gefühl, ihm noch etwas schuldig geblieben zu sein. Herr Inter – so hieß dieser ehrenwerte Mann – hatte sein Büro im Zentrum der kleinen Stadt, genau zwischen dem Supermarkt und der Apotheke, gegenüber dem nun mittelerweile kleinen geschlossenen Geschäft der Schneiderin Frau Puppe. Die Kanzlei erreichte man nur, indem man 33Marmorstufen erklomm, die wie ein Korkenzieher in die dritte Etage hinauf führten. Die Sekretärin war eine Dame jenseits der 40, eine Tochter von Frau Puppe, die nach ihrer Hochzeit Schmidt hieß. Die freundliche Frau begrüßte Kaili sehr förmlich und führte ihn gleich zu ihrem Arbeitgeber. Herr Inter reichte dem Mann herzlich die Hand. Er kannte ihn seit Kaili als Kind seinen Großvater besucht hatte. Kaili erinnerte sich kaum an den netten Herren, außer an den Geruch seiner Zigarre und an die Rauchwolken, von denen er stets umgeben war. Angesichts jedoch von Inter zutraulicher Familiarität fühlte er sich unbehaglich und wollte die Angelegenheit so schnell wie möglich hinter sich bringen. „Von mir aus können wir gleich beginnen", schlug er darum dem Anwalt vor. „Einen kleinen Moment noch", bat dieser. „Es sind noch drei Minuten Zeit und wir erwarten noch einen weiteren Gast." Das verwunderte jetzt, den jungen Mann zwar. Doch da er es gewohnt war, zu warten, begnügte er sich je damit, die Bilder, die eine

Wand des Büros schmückten, zu betrachten. Da war die Imitation eines Picasso, ein Meer von gelben Sonnenblumen vor einem dämmernden Himmel. Daneben eine Familie mit Kleidern wie vor hundert Jahren, Vater, Mutter, zwei Söhne, ein Mädchen im weißen Kleid, ein Baby auf auf dem Arm der Mutter und zwei Katzen zu ihren Füßen. Und daneben das Portrait einer jungen Dame im grünen Regenmantel, mit rotblonden Locken und einen unsicheren Ausdruck in ihren Augen. Aber Moment – Das Portrait hatte ja Arme und Beine und einen Rumpf noch dazu. Und jetzt lächelte es sogar. „Ah, da ist ja unser letzter Gast. Kaili, darf ich Ihnen nun vorstellen: Melany Tom,unsere eifrige

Ärztin. Vielleicht erinnerst du dich an ihre Mutter?" Vage stiegen in Kaili die Gedanken an Spritzen, Pflaster und den Geschmack von Tapferkeits – Gummibärchen auf. Einen Moment später gedachte er seiner guten Manieren und schüttelte dem Porträt, pardon: der jungen Frau die Hand. Ihr Händedruck war resolut und zauberte im gleichen Augenblick ein Lächeln auf ihr Gesicht. „Sehr schön, sehr schön", strahlte der Anwalt. „Wenn ich nun bitten dürfte..." Er nötigte seine Gäste in zwei sehr stielbewusste und unbequeme Besucherstühle. Dann nahm er selbst in seinem rückenfreundlichen Sessel Platz und griff nach einer Akte, die vor ihm auf dem Schreibtisch lag. Mit deutlicher Stimme begann er:

163

Mein Letzter Wille und Testament: Im Vollbesitz meiner geistigen Kräfte... Kräfte... und so weiter... Es war einmal." „Bitte?" Herr Inter räusperte sich. „Entschuldigung, mein Junge, aber das steht hier. Nun. Es war einmal ein kleiner Junge, der liebte seinen Großvater abgöttisch und der Großvater ihn. Der Junge bist du, Kaili und der Großvater – nun, das ist ja wohl offensichtlich. Gerne würde ich dir jetzt ein Märchen erzählen, nur fürchte ich, du hast schon seit einigen Jahren die Geduld mit langen Geschichten verloren, zumal mit erfundenen. Darum mache ich es so kurz wie möglich. Nun also mein letzter Wille: Ich vermache mein Haus und mein gesamtes Vermögen meinem lieben Enkel Kaili.

Letzteres ist nicht von nennens-
werter Größe, aber mein Haus will
ich in guten Händen wissen und
darum gebe ich es dir. Allerdings
nur unter zwei Bedingungen.
Bedingung Nummer 1: Kaili erhält
das Haus nur, wenn er selbst dort
einzieht und mindestens ein Jahr
lang dort wohnt, ohne es zu ver-
äußern. Bedingung Nummer 2: Es
gibt ein Gästezimmer im oberen
Stock des Hauses. Kaili kennt es,
es ist seit Jahren ungenutzt. Meine
zweite Bedingung an dich ist, mein
Junge, dass du in diesem Zimmer
meine Prinzessin Melany wohnen
lässt." An dieser Stelle warf Kaili
einen ausgesprochen erstaunten
Blick auf die junge Frau. „Das
bringt mich je zum nächsten Punkt
meines Testerments und das ist nun

vielleicht der wichtigste: Neben meinem Haus und meinen sämtlichen Vermögenswerten vermache ich meinem Enkel außerdem mein aller wertvollsten Besitz, nämlich mein Märchenbuch.Es steht immer noch an der gleichen Stelle, an der ich es immer aufbewahrt habe. Du kennst es mein Junge. Mache je Gebrauch davon! Das ist wichtig! Und solltest du Schwierigkeiten haben: Melany kann dir dann ganz sicher weiter helfen. So, und nun habe ich genug geschrieben. Das wichtigste ist gesagt. Lebe glücklich und zufrieden, Kaili und zwarr bis an dein Lebensende." Damit schloss der Anwalt. Sorgfältig klappte er die Akte wieder zu und strahlte die beiden jungen Leute an. „Soweit all, die Bestimmungen deines Großvaters. Sie sind völlig legal, so weit ich sehen kann. Nun muss ich dich jetzt offiziell fragen: Nehmen Sie die Erbschaft an?" Das Offizielle... merkte man daran, dass Herr Inter vom Du zum Sie wechselte. Kaili wusste offiziell, dass das der größte Unsinn war, den er je gehört hatte. Natürlich musste er ablehnen. Und so sagte er laut und deutlich: „Ich nehme an." Zwei Stunden später klingelte es dann an der Tür von Großvaters Haus. Im Eingang stand die Frau mit den roten Haaren und dem resoluten Händedruck. Sie hielt auch eine großeReisetasche in der Hand. „Wenn ich Sie nicht störe?" Natürlich stören Sie mich, erwidert Kaili in Gedanken. Gehen Sie nach Hause. Oder noch besser: Bleiben

167

Sie hier und lassen Sie mich nach Hause gehen. Ich gehöre hier nicht her. „Natürlich stören Sie nicht. Bitte kommen Sie herein. Kann ich Ihnen einen Kaffee anbieten?" Die rotblonden Locken schwebten über die Schwelle in die Küche hinüber, als kenne sie das Haus – in und auswendig. Für eine erwachsene Frau war sie jedoch außergewöhnlich klein. Ihre Tasche ließ sie unter dem Kleiderhaken im Flur stehen. Während Kaili mit möglichst sparsamen Bewegungen den Kaffee aufsetzte und nach zwei zueinander passenden Tassen suchte, packte die junge Frau ein Paket mit Schokostreuselkuchen aus. „Möchten Sie?" Kaili hasste auch Streuselkuchen. „Sehr gerne. Vielen Dank." Während der Kaffee

168

dampfend durch die Maschine lief, mampfte er ein Stück, das, wie er zugeben musste außergewöhnlich gut schmeckte. „Was halten Sie von diesem Testament?" „Was denken Sie?" Der Lockenkopf legte sich schräg. „Nun, ich bin ein wenig... – entsetzt – überrascht. Ich hätte nicht gedacht, dass er mir alles überlässt." Sie sind sein einziger Enkel, so weit ich weiß." „Was soll ich mit einem Haus? Noch dazu in einem verschlafenen Nest? Ich glaube kaum, dass hier je viel physikalische Forschung betrieben wird. Der Lockenkopf lächelte, was Kaili ein wenig durcheinander brachte. Glücklicherweise war in diesem Moment der Kaffee fertig und musste serviert werden. „Was ich auch nicht verstehe",erklärte er der Besteckschublade. „Was haben Sie mit dem ganzen zu tun? Ich meine, nehmen Sie es mir nicht übel, aber Sie gehören nicht gerade zur Familie. Warum will er, dass Sie hier wohnen?" „Ich habe in den letzten zwei Jahren die kranke Herzschwäche ihres Großvaters behandelt. Wir sahen uns recht oft." Sie lächelte, worauf Kaili sich dem Kühlschrank zuwandte, um die Milch zu suchen, die bereits auf dem Tisch stand. „Er nannte mich Prinzessin, seit meiner Kindheit. Mir hat das damals sehr gut gefallen." „Nun, das ist ja schön und gut. Wohnen Sie hier, so lange Sie wollen. Nehmen Sie von mir aus das ganze Haus. Aber was sind das für Schwierigkeiten, bei denen Sie mir helfen sollen? Warum nun ausgerechnet Sie?" So weit ich weiß, geht es meinem Herzen ganz gut und ich fühle mich auch sonst recht gesund, außer das ich vielleicht zu viel Kaffee trinke und zu unregelmäßig esse." Die kleine Frau sah ihn über den Rand ihrer Kaffeetasse prüfend an. Ihre Augen waren moosgrün, wie er beiläufig feststellte. „Sie wissen es nicht, oder?" „Was weiß weiß ich nun nicht?", runzelte er die Stirn. „Erbkrankheiten, die man mir vorenthalten hat? Sollte ich mich besser mal durchschecken lassen?" „Sie haben tatsächlich keine Ahnung." Dieser fakt schien sie ausgesprochen zu erstaunen. „Hat er es Ihnen nicht erzählt?" „Mir was erzählt?" Langsam begann Kaili sich unbehaglich zu fühlen. „Die Geschichten.Das Märchenbuch. Er hat ihnen doch daraus vorgelesen?" „Was hat das mit seinem Testament oder mit mir zu tun? „Ist das nicht offensichtlich?" Die roten Locken wippten aufgeregt vor und zurück. „Sie sind sein Erbe.Er hat Sie zu seinem Erben ernannt. Er hat Ihnen alles wichtige anvertraut, das Märchenbuch ausdrücklich. Damit hat er Sie zu seinem Nachfolger erklärt. Sie sind der nächste." „Der nächste was?" „Erzähler. Ihr Großvater war einer der Erzähler, ein Bindeglied schwischen den Menschen und den magischen Völkern. Sie haben sein Erbe angenommen. Damit sind Sie sein Nachfolger. Sie sind nun der nächste Erzähler. Ich gratuliere Ihnen." Es war einmal ein junger Mann namens Kaili, der

jedoch glaubte, eine Verrückte säße
in seiner Küche...

ENDE

NICHT GANZ OHNE WORTE

Manchmal engagiert je das Leben 300 Hundehaufen, die sich in einem Abstand von 0,5 – 1 m in den Weg legen sollen. So,dass man mindestens bei jedem zweiten Schritt in einen solchen Haufen tritt. Je nach Belieben sind es auch Löcher, in die man fällt oder große eiserne Schranken, die einen zum Umkehren zwingen, weil sie natürlich dann noch unter Strom stehen. Gelegentlich wird jemandes Leben auch einfach ein Fluch auferlegt, dann gibt es permanent Hundehaufen garantiert unverwüstlich und beliebig oft wiederzuverwenden. Das alles ist jetzt keine nette Geschichte sondern wahr und das könnte ich beweisen. Wenn ich es wollte; will ich aber nicht und das ist auch besser so, denn ihr werdet das auch bald selber merken. Oder vielleicht erfährt ihr das Gegenteil, dann gratuliere ich euch erstmal, warne euch aber, denn wenn man jedoch glaubt, der Hundehaufen entkommen entkommen zu sein, kommt oft ein Hundehaufen, der ist noch größer als jeder beliebige Hundehaufen, da werdet ihr dann in euren Schuhen drunter sanft begraben. Und ich lache, denn ich hatte euch ja gewarnt.

ENDE

Bei denen kleine Hundehaufen

Bei denen große Hundehaufen